新能源汽车专业技能型紧缺人才培养规划教材

Xinnengyuan Qiche Gaoya Anquan yu Yingji Chuli
新能源汽车高压安全与应急处理

陈伟儒　万艳红　主编

人民交通出版社股份有限公司
China Communications Press Co.,Ltd.

内 容 提 要

本书为新能源汽车专业技能型紧缺人才培养规划教材之一。全书共5个单元,内容主要包括:高压电对人体的危害、高压触电事故紧急救助、新能源汽车高压部件及车上保护措施、新能源汽车高压去电操作、新能源汽车事故现场紧急处理。

本书可作为职业院校新能源汽车专业(方向)的教学用书,也可作为新能源汽车服务企业技术人员的培训用书。

图书在版编目(CIP)数据

新能源汽车高压安全与应急处理 / 陈伟儒,万艳红主编. —北京:人民交通出版社股份有限公司, 2018.9
ISBN 978-7-114-14940-5

Ⅰ.①新… Ⅱ.①陈… ②万… Ⅲ.①新能源—汽车—安全技术—教材②新能源—汽车—交通运输事故—处理—教材 Ⅳ.①U469.7

中国版本图书馆 CIP 数据核字(2018)第 183665 号

书　　名:	新能源汽车高压安全与应急处理
著 作 者:	陈伟儒　万艳红
责任编辑:	翁志新
责任校对:	张　贺
责任印制:	张　凯
出版发行:	人民交通出版社股份有限公司
地　　址:	(100011)北京市朝阳区安定门外外馆斜街3号
网　　址:	http://www.ccpress.com.cn
销售电话:	(010)59757973
总 经 销:	人民交通出版社股份有限公司发行部
经　　销:	各地新华书店
印　　刷:	北京市密东印刷有限公司
开　　本:	787×1092　1/16
印　　张:	5.75
字　　数:	94 千
版　　次:	2018年9月　第1版
印　　次:	2018年9月　第1次印刷
书　　号:	ISBN 978-7-114-14940-5
定　　价:	15.00 元

(有印刷、装订质量问题的图书由本公司负责调换)

新能源汽车专业技能型紧缺人才培养规划教材编委会

主　任

　　叶军峰(广州市轻工技师学院)
　　蔡昶文(广州市交通技师学院)

副主任

　　万艳红(广东省轻工职业技术学校)
　　王长建(广州市白云工商技师学院)
　　毛　平(广州市轻工技师学院)
　　尹向阳(广州市机电技师学院)
　　王尚军(广州市交通技师学院)
　　刘小平(广州欧伟德教学设备有限公司)
　　刘炽平(广州市工贸技师学院)
　　严艳玲(广东省轻工业技师学院)
　　杨子坤(广州市公用事业技师学院)
　　周其江(肇庆市技师学院)
　　胡军钢(广州市技师学院)

委　员

　　冯月崧、廖毅鸣、陈伟儒(广州市轻工技师学院)
　　罗　英、黄辉镀(广州市技师学院)
　　陆海明(广州市机电技师学院)
　　颜　允、何越瀚(广州市公用事业技师学院)
　　谢金红、陈林锋、钟贵麟、蒙承超(广东省轻工业技师学院)
　　刘付金文(广东省轻工业职业学校)
　　黄健龙(肇庆市技师学院)
　　龙纪文(广州欧伟德教学设备有限公司)

秘　书

　　翁志新(人民交通出版社股份有限公司)

随着我国《节能与新能源汽车产业发展规划(2012—2020年)》的发布实施,政府各项扶持政策的出台,新能源汽车推广应用的步伐逐渐加快,企业也加大了对新能源汽车的投入,各大汽车厂商纷纷推出新能源车型。未来几年是新能源汽车的快速增长期,社会对掌握新能源汽车技术的技能型人才需求将不断增加。当前,新能源汽车专业技能型人才是名副其实的"紧缺"人才,缺口很大。职业院校作为技能型人才培养的主体,为行业培养和输送急需的技能人才,责无旁贷。

近年来,不少开设汽车类专业的职业院校新增了新能源汽车运用与维修专业(方向),但适合教学的专业教材少之又少。2017年,广东省的十几所高级技工学校(技师学院)、中职学校在经过了大量调研和多次研讨之后,决定联合人民交通出版社股份有限公司及相关企业,成立"新能源汽车专业技能型紧缺人才培养规划教材编委会",编写出版"新能源汽车专业技能型紧缺人才培养规划教材"。同年9月,在广州市轻工技师学院召开了教材编写启动会,确定了整套教材的课程体系、名称、编写大纲及编写分工。

本套教材,紧紧围绕新能源汽车的核心技术——"三大电"(电池、电机、电控)和"三小电"(电控空调、电控转向、电控制动),重视基础、强化实践,并注重培养学生的安全观念、职业素养和学习能力,力争使学生成为具有可持续发展能力的高素质技能型人才。

本书是本套教材中的一本,本书的编写分工如下:陈伟儒编写了单元一、单元四;龚宏义编写了单元二、单元三、单元五。全书由陈伟儒、万艳红统稿并担任主编。

限于编者水平,书中难免有错误和疏漏,恳请广大读者提出宝贵意见,以便进一步修改完善。

新能源汽车专业技能型紧缺人才培养规划教材编委会

2018年6月

目录

单元一　高压电对人体的危害 ·· 1
一、高压电的定义 ·· 1
二、高压电的危害 ·· 2
三、不同等级的工作范围 ·· 5
四、针对电危害的技术和管理责任 ···································· 7
单元小结 ··· 9
思考与练习 ··· 9

单元二　高压触电事故紧急救助 ····································· 11
一、高压触电事故紧急救助步骤 ····································· 11
二、现场紧急救助 ··· 14
三、灭火器的使用 ··· 19
单元小结 ·· 20
思考与练习 ·· 20

单元三　新能源汽车高压部件及车上保护措施 ························· 23
一、新能源汽车的高压零部件 ······································· 23
二、高压零部件保护措施 ··· 44
单元小结 ·· 50
思考与练习 ·· 50

单元四　新能源汽车高压去电操作 ··································· 53
一、电动汽车维修站通用要求 ······································· 53
二、维修工位与车辆停放标准 ······································· 59
三、作业过程安全要求 ··· 60
四、新能源汽车高压去电操作 ······································· 61
单元小结 ·· 72
思考与练习 ·· 73

单元五　新能源汽车事故现场紧急处理 ··· 74
一、低压蓄电池亏电 ··· 74
二、高压电池包充电 ··· 77
三、事故车禁止切割区域 ··· 79
四、车辆浸水处理 ··· 80
五、车辆着火处理 ··· 81
六、电池包漏液处理 ··· 82
七、拖车处理 ··· 82
单元小结 ··· 83
思考与练习 ··· 83
参考文献 ··· 85

单元一　高压电对人体的危害

学习目标

1. 能口述 I8686E 标准对危险电压的定义。
2. 能口述 I8686E 标准对三级人员的工作范围与权限界定。
3. 能口述高压电对人、物的危害。
4. 能口述对雇主和雇员的责任划分。

建议课时

6 课时。

一、高压电的定义

(一) 使用标准

本教材中,所提及所有概念和标准基于德国的《电工》(BGI-548)标准,《电气测试系统的安装和操作》(BGI-891)标准,《针对工作在带高压系统的车辆的人员培训》(BGI/GUV-I 8686E)和我国国家标准《电动汽车术语》(GB/T 19596—2017)等。

(二) 高压电的定义

《针对工作在带高压系统的车辆的人员培训》(BGI/GUV-I 8686E)中规定,在汽车领域(图 1-1),特别是混合动力电动汽车、燃料电池电动汽车、纯电动汽车,高压电是指:直流电压 >60V 且 ≤1500V;交流电压 >25V 且 ≤1000V。

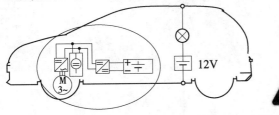

图 1-1　汽车领域中的高压电

图 1-2～图 1-4 是部分新能源车动力蓄电池实物。

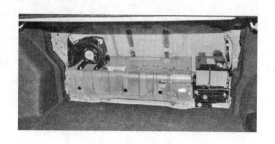

图 1-2　广汽丰田雷凌的动力蓄电池(245V)

图 1-3　北汽 EV 系列的动力蓄电池(330V)

图 1-4　比亚迪秦的动力蓄电池(500V)

所以,新能源车辆的动力系统基本上均属于高压电范围。

二、高压电的危害

高压电对人体产生危害,主要有三种方式:电流作用、电弧、二次伤害。由于高压电对人体伤害较大(图 1-5),因此,应该认真对待有故障的新能源车辆、充电桩以及其他电气设备,并立即消除可能的故障原因。

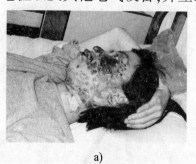
a)
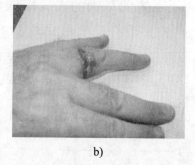
b)

c)

图　1-5

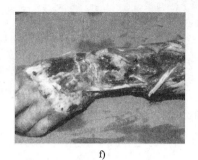

d)　　　　　　　　　e)　　　　　　　　　f)

图 1-5　高压电对人体的伤害

(一) 电流作用

我国使用电压为 220～400V AC，频率为 50Hz。当对人体施加这种电压时，就可能发生致命的触电事故。

由于人体所有的功能和肌肉运动都是由大脑通过对中枢神经系统的电刺激来控制的，因此，当人体遭受过高的贯通电流后，会造成肌肉痉挛，大脑无法再控制肌肉组织，例如无法将紧握的拳头松开，人不能再自由活动。如果电流穿过胸腔，则会引发肺部痉挛（呼吸中断），心脏不能正常工作（心室纤维颤动，供血终止）。

1. 确定通过人体的电流强度

我们可以通过欧姆定律（$I = U/R$）来确定通过人体的电流强度。

人体的电阻（阻抗）大小取决于触电持续时间、皮肤的状况（干燥或受潮、未受伤或受伤）、电压高低及频率、电流通过人体的路径等因素（图 1-6）。

当接触电压为 230V、频率为 50～60Hz 的交流电时，人体各部分的阻抗值见表 1-1。

图 1-6　人体的电阻示意

人体各部分的阻抗值　　　　　表 1-1

电流路径	身体电阻估计值(Ω)	电流路径	身体电阻估计值(Ω)
手—手	1000	手—胸部	450
手—脚	1000	手—胯部	550
手—双脚	750		

有了这些估算值和大多数情况下已知的触电电压，就可以对通过人体的电流进行估算。例如，对于电阻为 1000Ω 的手—手电流路径，在 230V 的接触电压下电流强度为：

$$I = \frac{U}{R} = \frac{230\text{V}}{1000\Omega} = 0.23\text{A} = 230\text{mA}$$

2. 电流的生理效应

在上述的例子中,230mA 的电流虽然不大,但加在人体时,会对人体造成很大的伤害。

人体的电阻,受触电电流路径的长度和横截面影响。触电电流对人体危害的程度,与其持续作用时间之间存在一定的关系。当触电电流较大时,较短的触电时间也会对人体造成致命伤害,即使触电时间较短,大于 500mA 的电流也足够使人致命。

图 1-7 是频率为 50～60Hz 的交流电通过人体时,对人体的影响情况。横坐标是触电电流值,纵坐标是触电时间。

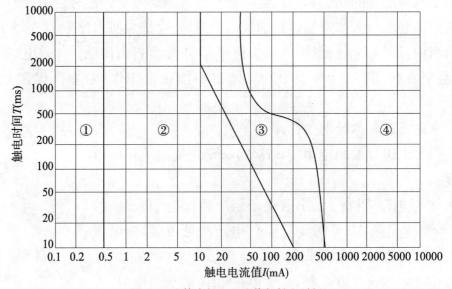

图 1-7 人体中触电电流值与触电时间
①、②、③、④-触电时间和电流值对人体的影响情况区域

如果触电事故发生在区域①的范围内,那么人体通常没有什么反应和生理影响。如果触电事故达到知觉阈值,即区域②。

区域②的触电事故一般对人体没有生理上的影响,但人会出现疼痛,抽搐现象,直到释放限制,即区域③。

在区域③的触电事故中,人体会因为电流的作用,出现呼吸困难、心跳紊乱(心室颤抖)、抽搐等,但一般不会造成器官的损坏。随着电流强度的增加和电流冲击持续时间的增加,心房可能出现颤动并出现短暂的心脏骤停。当触电时间较长时,达到释放极限(区域④)的过程中,可能会导致肌肉收缩和呼吸困难。

而在区域④的触电事故中,则可能造成心室纤颤。随着电流强度和持续时间的增加,会产生病理、生理效应,如心跳骤停,呼吸停止和严重烧伤等。

虽然从理论上讲,如果触电电流是低于释放限值(处于区域①和区域②),那么无论触电时间多长,对人体也是无害的。但是即使如此,也有可能导致二次事故,例如跌倒摔伤。

(二) 电弧伤害

直流电并不是无害的。只是相对于交流电,同样电流大小的生理反应并没有那么强。直流电的危害主要是由电弧引起的。

一般在短路的情况下,会出现电弧。在带电部件上工作时经常会发生短路。短路电弧的温度可超过 4000℃。在这个过程中,金属部分在几分之一秒内蒸发,并通过所产生的电磁场的吹动作用而被喷出,对人体造成伤害。

因强烈的紫外线辐射引起的眼睛眩晕、皮肤的一度和二度灼伤,均是电弧事故的典型后果。

(三) 二次伤害

电流也会间接地伤害人体。触电者可能因触电导致失去平衡而跌落,如图 1-8 所示。

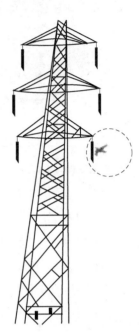

图 1-8 二次伤害——触电跌落

(四) 触电方式

电流只能在封闭的导体中流动。如果人体成为这个导体的一部分,那么就有危险。电动汽车上的触电包括:

(1) 直接接触电击。指人身直接接触电气设备或电气线路的带电部分而遭受的电击,它的特征是人体接触电压。直接接触电击带来的危害是最严重的,所形成的人体触电电流总是远大于可能引起心室颤动的极限电流。

(2) 间接接触电击。指人体接触电气设备或电气线路的绝缘损坏外露的部分,而遭受的电击触电。

三、不同等级的工作范围

BGI/GUV-I 8686E(图 1-9)中,根据从事电动汽车工作的危险程度与工作需要,把工作范围分成了三个等级。操作者必须经过每一个等级的培训,合格者颁发有关证明文件后,才能从事相关等级及以下的工作。

(一)等级1的资格:非高压电环境的工作

具备等级1操作资格的人员,可以在高压车辆上执行所有非电气工作。获得等级1的资格,需要根据指引进行培训。培训内容包括:

(1)车辆操作。

(2)不需要断开高压系统的一般操作。

(3)了解高压部件标记及其在车辆上的位置。

(4)车辆上纯机械部件的操作(但禁止触碰橙色部件)。

(5)如果制造商有特别规定,为了防止意外发生,断开高压系统。

图1-9 BGI/GUV-I 8686E 电动汽车高压系统培训材料

(6)遇到某些不确定的事件,需咨询有关高压系统专家。

(7)车辆上禁止的操作。

(8)只能在具有高压系统技术的电工人员监督指导下进行与电相关工作。

通过等级1的培训,提高操作者高压系统的安全意识,以便使他们能够安全地在车辆上工作。培训目标是让员工能够安全地操作高压部件,了解高压部件的结构和操作原理,并熟悉组件的标记。同时也明确告知,只具备等级1工作资格的操作者不允许在高压部件上进行电气作业;不遵守这些要求可能会导致触电危险。

该级别主要适用于在工作中需要经常接触电动汽车的非高压部件和相关设施,而不直接接触高压电的操作人员,例如测试驾驶员、钣金喷漆人员、换油和换轮胎人员以及其他接触电动汽车非高压部件的操作人员。

(二)等级2的资格:不带电环境的高压系统工作

等级2需要具备在本质上不安全的高压系统工作的专业知识。这包括所有非上电环境的电气操作。这就要求在高压系统上电和去电中符合五项安全法则的前三条。

在不带电环境的高压系统下工作的操作人员,必须具备等级2的资格。获得等级2的资格,需要操作者具备等级1的资格,并根据指引进行培训。培训内容包括:

(1)基本电知识。

(2)电危害及急救。

(3)防止被电击的保护措施。

(4)工作安全和健康措施。

(5)专家和人员管理责任。

(6)电工操作的相关证书。

(7)车辆高压系统。

该等级的工作通常在不上电环境下,工作对象为汽车高压系统和相关部件。该级别主要适用于接触高压电的操作人员,例如车辆研发人员、零部件测试人员等工程师及技术人员。

(三)等级3的资格:上电环境的高压工作

参加上电环境的高压工作培训必须具备良好的电气理论知识与实用的电工技能。参加等级3培训的先决条件是获得等级2的工作资格。证明有足够的健康条件,特别是职业医疗检查;最低年龄18岁;并要进行急救培训(包括心肺复苏)。

该等级的工作将在电动汽车上电的环境下工作,如车辆的故障诊断、动力电池组相关工作、高压系统相关测试研发工作等。

四、针对电危害的技术和管理责任

图1-10是一个新能源汽车公司内,雇主和雇员、不同技能人员的定义和责任划分图,具体含义是谁应该为什么时间发生的什么事情负责。

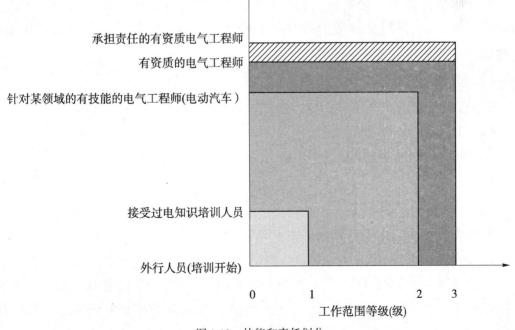

图1-10 技能和责任划分

(一)承担责任的有资质电气工程师

承担责任的有资质电气工程师通常为雇主。

在一个公司内,雇主的总体责任如下:

(1)采取措施确保雇员的安全和健康;

(2)公司业务的组织工作;

(3)工作环境的评估;

(4)工作、职责分配。

在工厂/车间,雇主的主要责任如下:

(1)实施风险评估;

(2)提供工具和设备;

(3)培训和认证员工或根据员工的认证水平分配任务;

(4)组织培训;

(5)制作工作规范;

(6)指导雇员;

(7)组织测评;

(8)监控实施。

(二)雇员

在一家新能源汽车公司内,可能存在以下几种雇员:非专业人员、接受过电知识培训的人员、针对某领域的有技能的电气工程师、有资质的电气工程师等。这些雇员的总体责任如下:

(1)遵守人员和通用安全规范;

(2)小心保护安全设备和用具,并保证正确使用;

(3)注意自身和同事的安全;

(4)避免错误和事故的发生;

(5)文本工作;

(6)报告所有的事故。

雇员因技能不同,应承担的工作责任也不同。

1. 非专业人员

只能从事没有高压危险的工作(不带高压系统的工作),并在工作前,至少应接受过电气工程师培训。该类人员在接受必要的保护措施指导后,只能在有技能的电气工程师监督指导下进行具有高电压汽车的工作。

2. 接受过电知识培训的人员

至少接受过针对某领域的有技能的电气工程师的培训后,能从事非专业人员的工作、允许和授权的工作,知道工作可能的危害。该类人员接受过必要保护措施的指导,只能在有资质电气工程师的监督和指导下进行电气工作。

3. 针对某领域的有技能的电气工程师

经过专业的培训,知道该怎么做,具有针对某领域工作的经验和知识,能评估被分配的工作并了解该工作可能的危险。该类人员可以执行一定的电气工程工作(在特定领域框架内的)和"不上电状态"的电动汽车工作。

4. 有资质的电气工程师

经过专业的培训,知道该怎么做并具有工作经验,具有标准规定的知识,能评估被分配的工作并能识别该工作可能的风险。该类人员是具有高压系统知识的有技能的电气工程师,被专门授权执行电动汽车上的电气工程工作。

单元小结

(1) 在汽车领域,特别是混合动力电动汽车、燃料电池电动汽车、纯电动汽车,高压电是指:直流电压 >60V 且 ≤1500V;交流电压 >25V 且 ≤1000V。

(2) 高压电对人体产生危害,主要有三种方式:电流作用、电弧、二次伤害。

(3) BGI/GUV-I 8686E 中,根据从事电动汽车工作的危险程度与工作需要,把工作范围分成了三个等级。等级 1 的资格是能从事非高压电环境的工作;等级 2 的资格是能在不带电环境,从事高压系统的工作;等级 3 的资格是能从事在带高压电的环境下,从事高压系统的工作。

(4) 一个新能源汽车行业公司内,划分了雇主和雇员、不同技能人员的定义和责任。具体表现为:谁应该为什么时间发生的什么事情负责。

思考与练习

(1) 简述对于高压电电压的界定。

(2) 在汽车领域,特别是混合动力电动汽车、燃料电池电动汽车、纯电动汽车,对于高压电的定义:_____。

（3）根据教师要求，使用万用表，测量实训室内的电源电压，将测量结果填入表1-2中，判断其电压是否属于BGI/GUV-I 8686E规定的高压电。

电压测量值　　　　　　　　　　　　　　　　　　　表1-2

测 量 对 象	万用表挡位	测 量 结 果	是否属于高压电
墙边单相插座			
三相插座			
蓄电池			

（4）活动环节：根据BGI/GUV-I 8686E，对一些常见工作进行界定。

在BGI/GUV-I 8686E中，针对开发与生产人员的培训分为三个等级：

①等级1：_____

②等级2：_____

③等级3：_____

（5）电动汽车上的触电包括：_____和_____两种。

（6）活动教学：小明在没有断开维修塞开关的情况下，对新能源车辆进行带电维修时，不小心触电。你从发现小明触电，到帮助小明脱离电源，一共用了6s。根据图1-7和表1-1，试推断小明触电的后果。

单元二　高压触电事故紧急救助

学习目标

1. 能按照救助步骤,正确处理触电事故。
2. 能根据触电者不同的伤害程度,正确进行 CPR 急救(假人)。
3. 能正确使用灭火器。

建议课时

6 课时。

无论是否为新能源汽车触电事故,救助步骤均是相同的。

当你发现有人员触电了,应该怎么做?你觉得最重要的步骤是什么?

(1)保持冷静。

(2)先思考,后行动。

(3)自我保护,切勿将自己陷入电击的危险中。

一、高压触电事故紧急救助步骤

触电急救的第一步是使触电者脱离电源,第二步是现场救护,如图 2-1 所示。其中,现场救护又可细分为拨打紧急求助电话、紧急救助、医疗救助和送往医院等步骤。当发生触电事故时,一定要保持冷静,按照以上步骤开展紧急救助,方可防止救助者触电,保证触电者从事故中获救。

在进行完现场紧急救援后,在医护人员到达后,由医护人员开展医疗救援,将伤者送往医院进行进一步的救助。

没有经过专业培训的救助者,切断事故回路和拨打紧急救助电话是非常重要的两个环节,只有这样触电者才有机会获救。

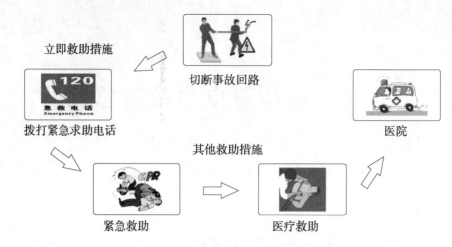

图 2-1　高压触电事故救助步骤

（一）切断事故回路

电流对人体的作用时间越长,对生命的威胁越大。所以触电急救时首先使触电者迅速脱离电源,切断事故回路,断开电路开关、拔出插头。首先需要自己绝缘(干木板等),并禁止触碰,并通过绝缘物体(例如,干木板)使触电者与带电物体分离,如图 2-2 所示。

可根据具体情况,选用下述几种方法使触电者脱离电源。若高空作业触电,应做好防止触电者跌落摔伤的措施。

1. 脱离电源的方法

脱离低压电源的方法可用"拉""挑""拖""垫"四个字来概括。

"拉":指就近切断电源开关,拔出插座,对于容量较大的电气设备,切断电源开关时应先断开负荷开关,再断开电源隔离开关,如图 2-3 所示。

图 2-2　切断事故回路　　　　　　图 2-3　拉下电源开关

"挑":如果导线搭落在触电者身上,这时可用干燥的木棒、竹竿或绝缘救援钩等挑开导线,如图2-4所示,使之脱离电源。绝缘救援钩如图2-5所示。

　　　　　　　　　　　　　　　　　　　　　a)　　　　　　　　b)

图2-4　挑开导线　　　　　　　　　　　　图2-5　绝缘救援钩

"拖":救护人员可戴上绝缘手套,或手上包缠干燥的衣服等绝缘物品拖拽触电者,使之脱离电源。

如果触电者的衣裤是干燥的,又没有紧缠在身上,救护人员可直接用一只手抓住触电者不贴身的衣裤,将触电者拉离电源。但要注意拖拽时切勿触及触电者的体肤。

救护人员亦可站在干燥的木板、木桌椅,或橡胶垫等绝缘物品上,用一只手把触电者拉离电源,如图2-6所示。

"垫":如果触电者由于痉挛手指紧握导线或导线缠绕在身上,救护人员可先用干燥木板塞进触电者身下使其与地绝缘来隔断电源,然后再采取其他办法把电源切断。

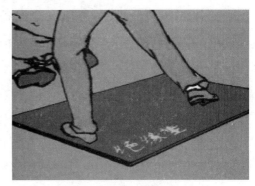

图2-6　垫"绝缘垫"

2. 切断事故回路的注意事项

(1)救护者一定要判明情况,做好自身保护。在切断电源前不得与触电者裸露接触(跨步电压触电除外)。

(2)在触电者脱离电源的同时,要防止二次摔伤事故(电击二次伤害),即使是在平地上也要注意触电者倒下去的方向,避免摔伤头部。

(3)如果夜间抢救,要及时解决临时用电照明问题,以免延误抢救时间。

(4)如果触电者触及断落在地上的带电高压导线,且尚未确定线路无电之前,救护人员不可进入断线落地点8～10m的范围内,以防跨步电压触电(图2-7)。必须进入该范围内的救护人员应穿上绝缘鞋或临时单脚着地跳跃着

图 2-7 跨步电压触电

到触电者身旁,紧靠触电者头部或脚部,把触电者拖拉到等电位线地面上(即身体躺成与触电半径垂直位置)即可就地抢救。或触电者脱离带电导线后应迅速将其带至距断线落地点 8～10m 以外的地方,立即开始触电抢救。只有在确保线路已经无电情况下,才可在触电者离开导线后就地急救。

(5)对于高压触电应立即拉闸断电救人,当无法实现拉闸断电时可以采用抛掷金属导体的方法,使线路短路迫使保护装置动作而断开电源。高空抛掷要注意防火,抛掷点应尽量远离触电者。

切断事故回路,使触电者脱离电源后,应立即就地进行抢救,在现场施行正确救护的同时,通知医务人员到现场。

(二)拨打急救电话

在操作新能源汽车高压安全设备发生触电事故时,在切断高压电源后,应立即拨打急救电话,以最短的时间说清楚:事故发生的地点、人员伤亡情况及现场控制情况(如告知医院事故发生地点、事故简要情况、受伤人数、伤害程度等),并等待其他的问题,切勿挂断电话(图 2-8)。除此之外,应牢记新能源汽车公司或工厂内部紧急救助电话,在最短的时间内获得救助增援。

图 2-8 拨打急救电话

二、现场紧急救助

实施现场紧急救助前,必须确认伤者能否进行正常对话,救援人员按照以下情况实施相应的救援措施。

(1)伤者无法对话时:确认伤者的生命机能,如脉搏和呼吸;立即呼叫或者让人联系急救医生;在医生到来之前进行必要的紧急救助,如伤者已无呼吸或脉搏,要进行人工呼吸及心肺复苏;如伤者呼吸中断,要使用心脏除颤器(前提是接受过相关培训),如图 2-9 所示。

(2)伤者可以对话时:要使伤者保持冷静,解除恐惧,不要让其走动,以免加重心脏负担,并及时请医生检查诊治;可能的情况下冷却灼伤伤口,并使用消过毒的、不掉毛的毛巾覆盖；即使伤者本人拒绝,伤者也必须交由医生救治。

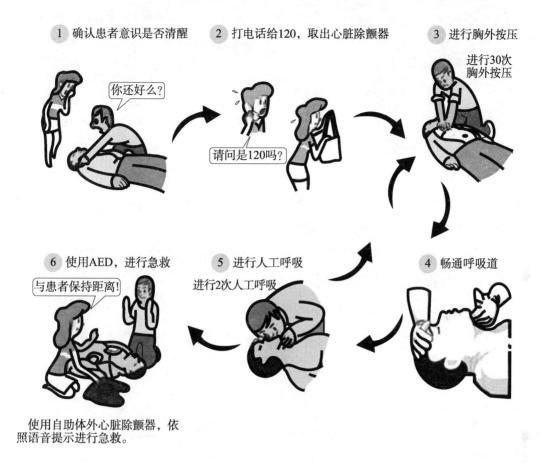

图 2-9 现场救助程序

具体根据触电者受伤害的轻重程度,实施现场紧急救护有以下几种情况。

(一)触电者失去知觉(心肺正常的抢救措施)

如果触电者已失去知觉,但呼吸和心跳正常,应采取的急救措施如下。

(1)使触电者合适地平卧着,解开衣服,以利呼吸。

(2)不要在四周围观,保持空气流通,冷天应注意保暖。

(3)可以压触电者的"人中"穴或者给触电者嗅阿摩尼亚。

(4)同时在医护人员未到现场之前严密观察触电者,若发现触电者呼吸困难或心跳失常,应立即施行人工呼吸或胸外按压。

(二)对"假死"者的急救措施

如果触电者呼吸、心跳不正常,应立即实施心肺复苏法就地抢救,如图 2-10

图2-10 心肺复苏法就地抢救

所示。心肺复苏法(CPR)的三项基本措施是通畅气道、口对口(鼻)人工呼吸、胸外按压。

(三) 真假死判断

真死应在呼吸、心跳停止情况下,同时出现以下几个特征:

第一:瞳孔放大;第二:手脚关节僵硬;第三:身体出现尸斑。

如果伤者只是呼吸、心跳停止,其他特征未全部出现,应判断为假死。在专业医务人员未接替救治前,不应放弃现场抢救,只有医生有权诊断,确认伤员是否死亡。

如果触电者呈现"假死"现象,则可能有三种临床症状:

一是心跳停止,但尚能呼吸;

二是呼吸停止,但心跳尚存在(脉搏很弱);

三是呼吸和心跳均已停止。"假死"症状的判断方法是看、听、试,如图2-11所示。

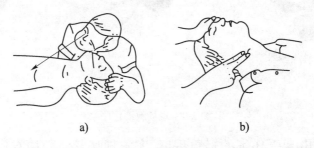

图2-11 判定假死的看、听、试

"看"是用眼观察触电者的胸部有无起伏和呼吸动作。

"听"是用耳贴近触电者的口鼻处,听他有无呼吸的声音。

"试"是用手或小纸条试测口鼻有无呼吸的气流,再用两手指轻压一侧(左或右)喉结旁凹陷处的颈动脉有无搏动感觉。

如果"看""听""试"的结果,既无呼吸又无颈动脉搏动,则可判定触电者呼吸和心跳均停止。

(四) 心肺复苏法(CPR)

心肺复苏法(CPR)的三项基本措施是通畅气道、口对口(鼻)人工呼吸、胸外按压。

1. 通畅气道

对触电者,要使其始终保持气道畅通,其操作要领是:

(1)清除口中异物,使触电者仰面躺在平硬的地方,迅速解开其领袖、围巾、紧身衣和裤带,如发现触电者口中有食物、假牙、血块等异物,可将其身体及头部侧转,迅速用一个手指从口角插入取出异物。

(2)采用仰头抬须尖通畅气道。操作时,看护人员用一只手放在触电者前额,另一只手的手指托其颚骨向上抬起,两手协同将头部向后仰,舌根自然随之抬起,气道即可畅通,如图 2-12、图 2-13 所示。

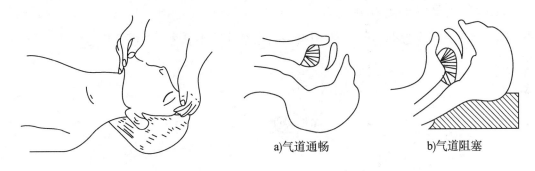

图 2-12　仰头抬须法　　　　图 2-13　气道状况

严禁用枕头或其他物品垫在触电者头下,因为头部抬高前倾会阻塞气道,还会使施行胸外按压时流向脑部的血量减少,甚至完全消失。

2. 口对口(鼻)人工呼吸

救护人员在完成气道通畅的操作后,应立即对触电者施行口对口或口对鼻人工呼吸。口对鼻人工呼吸适用于触电者嘴巴紧闭的情况。

人工呼吸的操作要领是:

(1)救护人员蹲跪在触电者的左侧或右侧,用一只手捏住其鼻翼,另一只手的食指和中指托住其下巴,救护人深呼气后,与触电者口对口紧合,在不漏气的情况下向触电者的口内吹气,如图 2-14 所示。

(2)吹气 2s 后,在救护人员换气时应将触电者的口或鼻放松 3s,让他借自己胸部的弹性自动吐气。

(3)吹气和放松时要注意观察触电者胸部有无起伏的呼吸动作,正常的吹气频率是每分钟 12 次。触电者如果牙关紧闭,可改为口对鼻人工呼吸。吹气时要将触电者嘴唇紧闭,防止漏气。

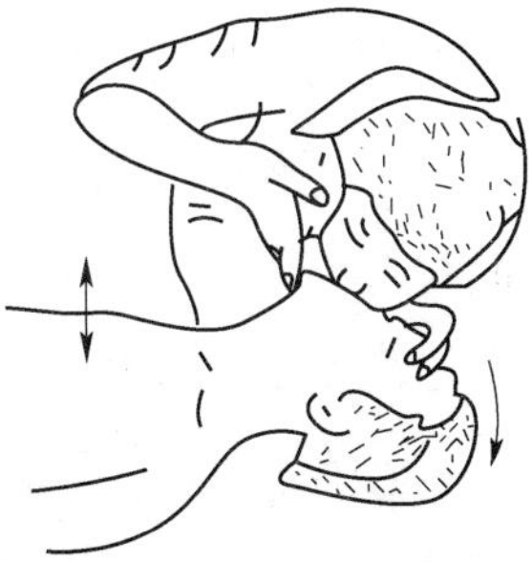

图 2-14　口对口人工呼吸

3. 胸外按压

(1) 确定正确按压位置的步骤。

右手的食指和中指沿触电者的右侧肋弓下缘向上,找到肋骨和胸骨结合处的中点。右手的食指和中指并齐,中指放在切迹的中点(剑突底根部),食指平放在胸骨下部,另一只手掌根紧挨食指上缘置于胸骨上,掌根处即为正确的按压位置,如图2-15所示。

(2) 正确的按压姿势。

① 使触电者仰面躺在平硬的地方并解开其衣服。

② 救护人员立即跪在触电者一侧肩旁,两肩位于触电者胸骨正上方,两臂伸直,肘关节固定不弯曲,两手掌相叠,手指翘起,不接触触电者胸壁,如图2-16所示。

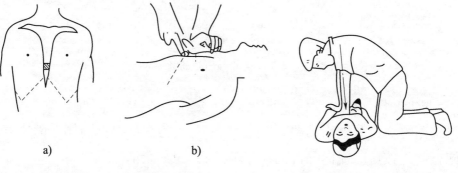

图2-15 正确的按压位置　　图2-16 按压姿势示意图

③ 以髋关节为支点,利用上身的重力,垂直将正常人的胸骨压陷3～5cm(儿童和瘦弱者酌减)。

④ 压至要求程度后,立即全部放松,但救护人的掌根不得离开触电者的胸壁。

⑤ 恰当的按压频率。胸外按压要以均匀速度进行。操作频率以每分钟80次为宜,每次包括按压和放松一个循环,按压和放松的时间相等。

⑥ 当胸外按压与口对口(鼻)人工呼吸同时进行时,操作的节奏为:单人救护时每按压15次后吹气2次,反复进行。

⑦ 双人救护时,每按压15次后由另一人吹气1次,反复进行。

⑧ 在抢救过程中要每隔数分钟用"看""听""试"的方法再判断一次触电者的呼吸和脉搏情况,每次判定时间不超过5～7s。

⑨ 在医护人员未前来接替抢救前,现场人员不得放弃现场抢救。

(五)抢救过程中注意事项

(1)在进行人工呼吸急救前,应迅速将触电者衣扣、领带、腰带等解开,清除口腔内假牙、异物、黏液等,保持呼吸道畅通。

(2)不要使触电者直接躺在潮湿或冰冷的地面上进行急救。

(3)人工呼吸急救应连续进行,换人时,操作节奏要一致。如果触电者有微弱自主呼吸时,人工呼吸还要继续进行。但应和触电者的自主呼吸节奏一致,直到呼吸正常为止。

(4)对触电者的抢救要坚持进行。发现瞳孔放大,身体僵硬、出现尸斑应经医生诊断,确认死亡方可停止抢救。

(六)电池电解液伤害救助

当电池电解液与皮肤接触时,使用大量清水冲洗,将皮肤上的电解液彻底清洗干净,防止皮肤的大面积灼伤或腐蚀。当吸入电解液气体时,则伤者需要呼吸大量的新鲜空气,保证肺功能循环,以排除电解液有害气体。当电解液与眼睛接触时,应立即使用大量清水冲洗(最少10min以上)。当发生误吞咽电池电解液时,需要大量喝水,并且立即拨打紧急电话,寻找医生救助。

三、灭火器的使用

着火是我们汽车行驶中可能遇到的危险,针对它的措施重点是预防(如避免机舱内有油、接插件松动或线束老化等),因为一旦发生着火,其危害性不可估量,并且往往都是无法弥补的(图2-17)。

火灾发生以后不要怕,要及时采取正确的方法来灭火,将火灾消灭在萌芽状态。首先要切断电源,所有人员立刻离开车辆并站在远离车辆的上风口处。

图2-17 电动汽车着火现场

经常检查车上的灭火器是否在固定的位置,是不是还在有效期内(图2-18)。要充分了解本灭火器的性质和正确使用方法。在采取救火措施的同时立刻报警(电话119或110)。

当电气设备或电气线路着火时,要尽快切断电源,防止大火蔓延和灭火时发生触电事故。不可用水或泡沫灭火器灭火(图2-19),尤其是油类着火,应采用二氧化碳或干粉灭火器灭火。

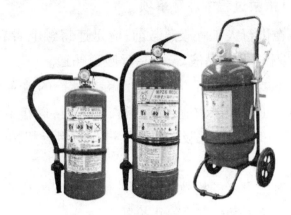

图 2-18　干粉灭火器　　图 2-19　泡沫灭火器(不能用于新能源汽车或充电桩的着火现场)

新能源汽车常用的车载灭火器都是干粉的,干粉灭火器(图 2-20)以高压为动力,由喷射筒内的干粉进行灭火。灭火时将手提干粉灭火器快速奔赴火点,在距燃烧处 1m 左右,操作者应先将开启把上的保险销拔下,然后将喷嘴部迅速对准火焰的根部扫射灭火,当干粉喷出后,手应始终压紧压把,不能放开,否则会中断喷射。操作者应站在上风方向喷射。

如果充电桩起火,请立即按下急停开关。用 ABC 通用型灭火器或者二氧化碳灭火器灭火,严禁使用泡沫灭火器和水灭火。

图 2-20　便捷式干粉灭火器

救助者或伤者如果吸入高压电起火造成的浓烟,会导致呼吸困难,应赶紧移动到有新鲜空气的位置,并立即去医院就医。

单元小结

(1)触电急救的正确步骤:第一步是使触电者脱离电源,第二步是现场救护,包括拨打紧急求助电话、获取救助、医疗救助和送往医院等。

(2)对于因触电事故而导致心脏骤停或者停止呼吸的伤者,可以采用心外按压或者人工呼吸的急救方法。

(3)灭火器有多种,其中新能源汽车适用的有干粉、二氧化碳灭火器等。

思考与练习

(1)触电事故救助的一般步骤是什么?填入图 2-21 中。

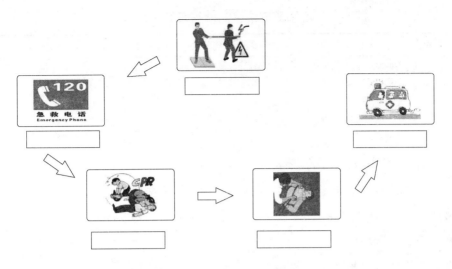

图2-21 救助的一般步骤

(2) 在触电事故中,没有经过专业培训的救助者,非常重要的两个环节:_____和_____,只有这样触电者才有机会从事故中获救。

(3) 活动环节:脱离电源。

模拟触电,学生设法使用现场的设备,迅速使触电者脱离电源。

提示:断开电路开关、拔出插头。当这些措施不可能立即被实施时:首先需要自己绝缘(干木板等),并禁止触碰。通过绝缘物体(例如,干木板)使触电者与带电物体分离。

注意:如触电者处在高空中,应使之在脱离电源的同时,做好防止摔跌的保护工作。

(4) 活动环节。

模拟触电,学生拨打救助电话,并清晰告诉工作人员:事故发生在哪里、发生了什么、多少人受伤、什么样的伤害、等待其他的问题,不要挂断电话!根据上一题的情况,填空。

事故发生在哪里:_____。

发生了什么:_____。

多少人受伤:_____。

什么样的伤害:_____。

等待其他的问题,不要挂断电话!

(5) 活动环节:心肺复苏法(CPR)。

①分组练习心肺复苏法(CPR),针对症状,将所用方法填入表2-1中。

心肺复苏法(CPR)练习记录表　　　　　　　　　表2-1

症　状	心肺复苏法(CPR)方法(或现场救助手段)
有心跳,有呼吸	
有心跳,无呼吸	
无心跳,有呼吸	
无心跳,无呼吸	

②心肺复苏法(CPR)的频率。

(6)活动环节:练习完成触电事故救援的正确步骤。

脱离电源→打120→平躺触电者,判断其状况→现场救助→其他救助→直到医护人员到达为止。

(7)活动环节:使用灭火器。

①常见的灭火器有:_____、_____、_____、_____等几种。

a. 新能源汽车发生自燃故障,应使用_____灭火器。

b. 地铁车厢内发生着火故障,应使用_____灭火器。

c. 充电桩发生自燃故障,应使用_____灭火器。

②正确使用灭火器。根据教师要求,在模拟新能源汽车着火现场正确使用灭火器灭火。

单元三　新能源汽车高压部件及车上保护措施

 学习目标

1. 能在新能源汽车实车上,识别涉及高压电的零部件。
2. 能指出车上或充电桩对涉及高压的零部件有哪些安全保护措施。

 建议课时

20 课时。

一、新能源汽车的高压零部件

(一)北汽 EV160(2015 款)

北汽 EV160(2015 款)电动汽车高压系统包括动力蓄电池、高压控制盒、DC/DC 转换器、车载充电机及慢充口、驱动电机与电机控制器、空调压缩机、PTC 加热器、快充口和高压附件线束等零部件,如图 3-1 所示。

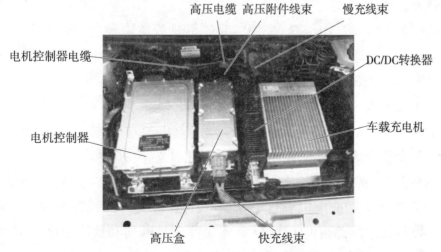

图 3-1　EV160(2015 款)高压系统部件

其高压系统原理图如图 3-2 所示。

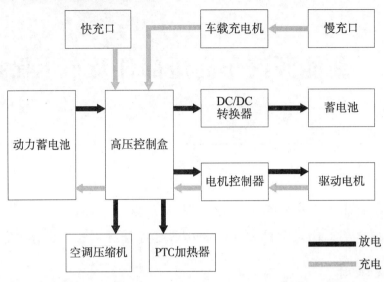

图 3-2　EV160(2015 款)高压系统原理图

该款车型的高压系统主要由充电和放电回路组成。实现动力蓄电池的充电来源主要有三个方面,一是充电枪连接快充口,通过高压控制盒由充电桩直接给动力蓄电池充电;二是充电枪连接慢充口,并且经过车载充电机,经过高压控制盒控制慢充过程,为动力蓄电池进行充电;三是在汽车行驶过程中,由于驱动电机的转动会产生一定的电流,经电机控制器和高压控制盒处理后,也可为动力蓄电池进行充电。放电过程主要由动力电池输出的高压直流电(380V),经高压控制盒调节控制后,根据不同的电压电流需要,经调整后向各用电设备(蓄电池、驱动电机、空调压缩机和 PTC 加热器等)进行放电,使得用电设备能够正常工作。

1. 动力蓄电池

电动汽车 EV160(2015 款)采用的是磷酸铁锂蓄电池,如图 3-3 所示。是车辆行驶、空调工作、暖气制热、蓄电池充电的能量来源。EV160(2015 款)动力蓄电池输出电压为 330V。

2. 高压控制盒

高压控制盒,如图 3-4 所示,安装在动力蓄电池与各高压零部件之间,其作用是完成动力蓄电池电源的输出及分配,实现对支路用电器的保护及切断。

从外部上看,高压控制盒与快充口、空调压缩机、PTC 加热器、电机控制器、DC/DC 转换器和车载充电机,通过高压导线连接。其外部插口如图 3-5 所示。

高压控制盒的内部由 PTC 控制板、4 个高压熔断器和快充继电器等组成,如图 3-6 所示,其内部电路原理如图 3-7 所示。

图 3-3 动力蓄电池总成

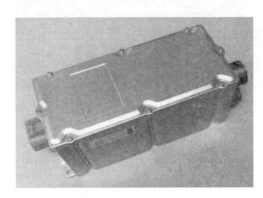

图 3-4 高压控制盒

图 3-5 高压控制盒实物外部结构

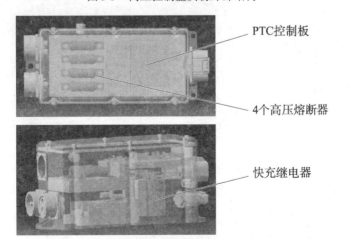

图 3-6 高压控制盒内部组成结构

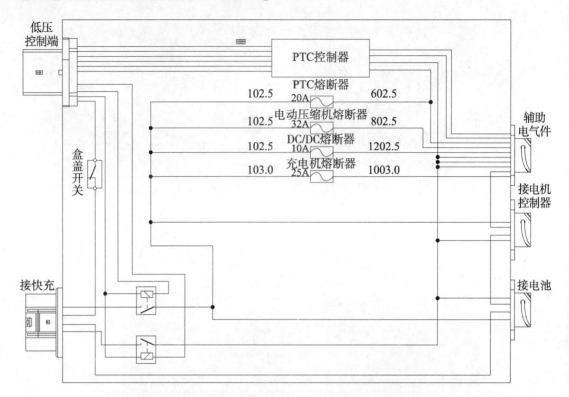

图 3-7 高压控制盒内部原理图

4 个高压熔断器分别是 PTC 熔断器、空调压缩机熔断器、DC/DC 熔断器和车载充电机熔断器,如图 3-8 所示。

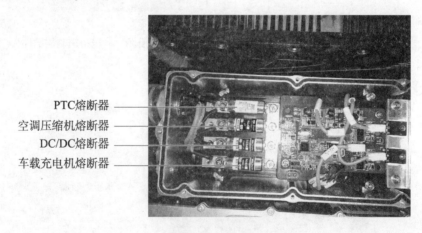

图 3-8 高压控制盒内部熔断器结构

3. DC/DC 转换器

DC/DC 转换器的功能是将动力蓄电池的高压 330V 的直流电转换为整车低压 14V 直流电,给整车低压用电系统供电及铅酸蓄电池充电,其作用相当于传统汽车的交流发电机。

DC/DC 转换器实物如图 3-9 所示。

4. 车载充电机及慢充口

车辆慢充口在传统汽车油箱盖位置。北汽 EV160（2015 款）电动汽车的慢充口和慢充枪符合国家标准，即可以使用同样符合国家标准的充电枪，对车辆进行充电。

在车辆进行慢充时，外部电源（慢充桩或普通插座）通过充电枪，慢充口，把 220V 的交流电，通过车载充电机转为动力蓄电池 330V 的直流电，经过高压控制盒，给动力蓄电池进行慢充充电。

车载充电机实物如图 3-10 所示，慢充口及端口定义如图 3-11、图 3-12 所示。

图 3-9　DC/DC 转换器实物图

图 3-10　车载充电机实物图　　　　图 3-11　慢充口

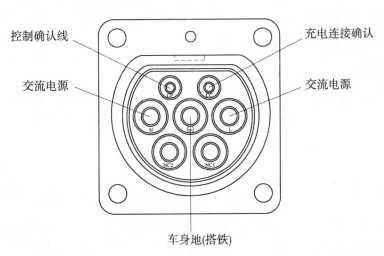

图 3-12　慢充口端子定义

5. 驱动系统

(1)驱动系统组成。

驱动电机系统是纯电动汽车三大核心部件之一,是车辆行驶的主要执行机构,其特性决定了车辆的主要性能指标,直接影响车辆动力性、经济性和用户驾乘感受。可见,驱动电机系统是纯电动汽车中十分重要的部件。驱动电机系统由驱动电机(DM)、驱动电机控制器(MCU)构成,如图3-13、图3-14所示。

图3-13 驱动电机(DM)

图3-14 电机控制器(MCU)

通过高低压线束、冷却管路,与整车其他系统作电气和散热连接。整车控制器(VCU)根据驾驶员意图发出各种指令,电机控制器响应并反馈,实时调整驱动电机输出,以实现整车的怠速、前行、倒车、停车、能量回收以及驻坡等功能。电机控制器另一个重要功能是通信和保护,实时进行状态和故障检测,保护驱动电机系统和整车安全可靠运行。

(2)驱动过程。

由动力蓄电池输出的高压直流电(330V)经过高压控制盒后,向电机控制器发出相应的指令,促使驱动电机转动。

(3)馈能制动过程。

在汽车进行制动时,驱动电机相当于发电机,将发出的电量通过电机控制器进行能量回收,由高压控制盒控制电能回收过程,此时将回收的电能反馈给动力电池,进行达到给动力蓄电池充电的效果,实现馈能作用。

6. 空调压缩机

与传统汽车一样,北汽EV160(2015款)电动汽车的制冷同样需要空调压缩机,如图3-15所示。不同的是,EV160(2015款)电动汽车压缩机是由动力蓄电池提供电能转动的。

空调压缩机使用过程:

空调压缩机属于用电设备,由动力蓄电池输出的高压直流电(380V),经高压控制盒处理后,使电压电流达到空调压缩机的使用要求,从而驱动空调压缩机的转动,使空调压缩机正常工作。

7. PTC加热器

传统的汽车暖风系统使用的是发动机工作时的余热,与之不同的是,EV160(2015款)电动汽车采用PTC加热器给驾驶时带来暖风。PTC加热器工作时,需要消耗动力蓄电池不少能量,因此,如果希望保证车辆续驶能力的话,少开暖风是一个比较好的方法。

暖风使用过程:

PTC加热器(图3-16)同样属于用电设备,且由动力电池输出的高压直流电(380V)流经高压控制盒处理后,使电压电流达到PTC加热器的使用要求,从而促使PTC加热器正常工作,达到车内加热暖风效果。

图3-15 空调压缩机

图3-16 PTC加热器

8. 快充口

EV160(2015款)电动汽车的快充口位于车辆前部,如图3-17所示。使用快充时,最快可在30min内充电至80%。快充时,需要到快充桩进行充电。

快充:

将充电枪一头与充电桩连接,另一头连接在车身快充口,检查枪口连接牢固程度后,将充电桩(图3-18)充电模式设置为快充模式,实现EV160电动汽车的快速充电。

注意:充电过程中不能晃动枪头或拔枪,否则容易引起高压触电危险事故。

9. 整车高压线束

在新能源汽车上,连接各高压零部件的高压线束使用橙色外表,表示警告。

北汽EV160(2015款)电动汽车的高压线束共分为5段,分别是动力蓄电池高压电缆、电机控制器电缆、快充线束、慢充线束和高压附件线束(高压线束总成)。

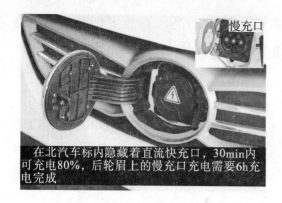

图 3-17　快充口　　　　　　　图 3-18　充电桩

(1) 动力蓄电池高压电缆。

动力蓄电池高压电缆是指连接动力蓄电池到高压盒之间的线缆。电缆线束包括动力蓄电池的电源线和互锁线。两端接口定义及结构如图 3-19 所示。

接高压盒端
B脚位：电源正极
A脚位：电源负极
C脚位：互锁线短接
D脚位：互锁线短接

接动力蓄电池端
1脚：电源负极
2脚：电源正极
中间互锁端子

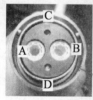

图 3-19　动力蓄电池高压电缆线束接口定义及结构

(2) 电机控制器电缆。

电机控制器电缆是指连接高压盒到电机控制器之间的线缆。电缆线束包括电机控制器的动力电源线与互锁线，两端接口定义及结构如图 3-20 所示。

接高压盒端
B脚位：电源正极
A脚位：电源负极
C脚位：互锁线短接
D脚位：互锁线短接

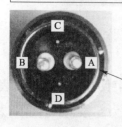

单芯插件(Y键位)接电机控制器正极
单芯插件(Z键位)接电机控制器负极

图 3-20　电机控制器电缆线束接口定义及结构

(3)快充线束。

快充线束是指连接快充口到高压盒之间的线束。快充线束各接口定义及结构如图3-21所示。

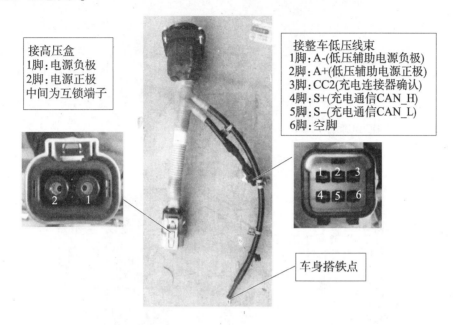

图3-21 快充线束各接口定义及结构

(4)慢充线束。

慢充线束是指连接慢充口到车载充电机之间的线束。慢充线束接口结构及引脚定义如图3-22所示。

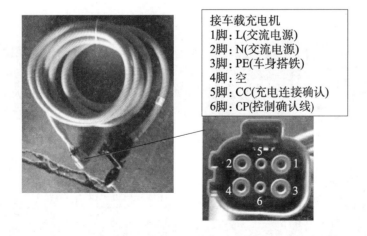

图3-22 慢充线束接口结构及引脚定义

(5)高压附件线束(高压线束总成)。

高压附件线束(高压线束总成)是指连接高压盒到DC/DC转换器、车载充电机、空调压缩机、空调 PTC 之间的线束。高压附件线束接口较多,各接口结构及定义如图 3-23、图 3-24、图 3-25 所示。

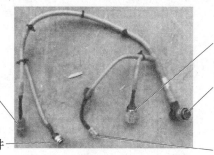

图 3-23　高压附件线束接口实物图

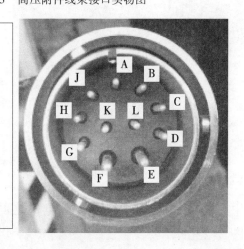

图 3-24　接高压盒插件端口定义

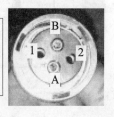
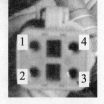

图 3-25　其他接口引脚定义

高压附件线束(高压线束总成)设置了高压互锁功能,设计的主要目的:

①整车在高压上电前确保整个高压系统的完整性,使高压处于一个封闭的环境下工作提高安全性。

②当整车在运行过程中高压系统回路断开或者完整性受到破坏的时候,需要启动安全防护。

③防止带电插拔高压连接器给高压端子造成的拉弧损坏。其互锁接线原理如图 3-26 所示,互锁接线口实物如图 3-27 所示。

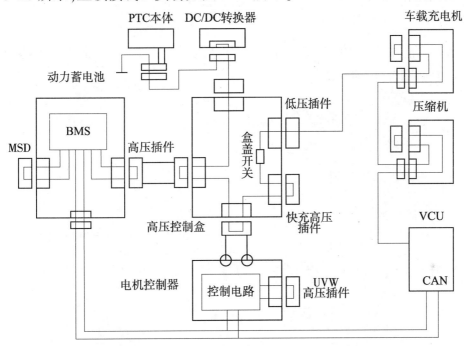

图 3-26 高压附件线束(高压线束总成)互锁接线原理

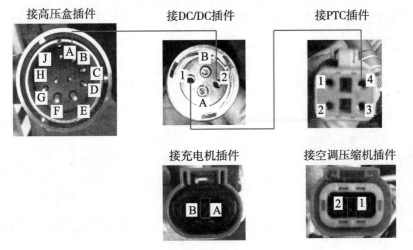

图 3-27 互锁接线口实物图

(二)北汽 EV160(2016 款)

北汽 EV160(2016 款)电动汽车与 EV160(2015 款)不同的地方在于,把车载充电机、DC/DC 转换器、高压控制盒统一置于 PDU 总成内,用一个 PDU 代替 EV160(2015 款)的三个高压控制部件,如图 3-28 所示。

图 3-28 电动汽车 EV160(2016 款)PDU 总成

1. PDU 外部

PDU 外部通过高压线与快充口、动力电池、慢充口、电机控制器等零部件相连接,原理如图 3-29 所示。

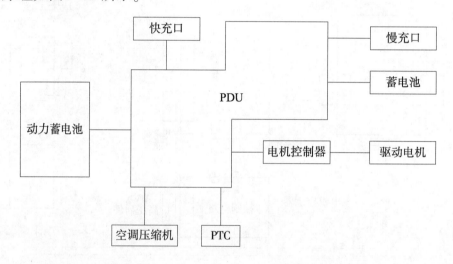

图 3-29 PDU 外部连接部件示意图

其外部接线端子如图 3-30 ~ 图 3-32 所示,图中数字为端子序号,其代表的端子名称定义见表 3-1。

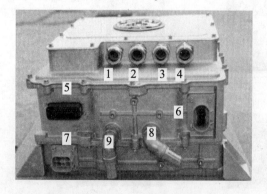

图 3-30 PDU 外部接线端子(一)

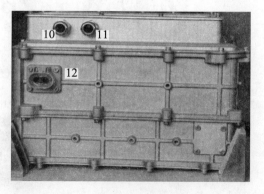

图 3-31 PDU 外部接线端子(二)

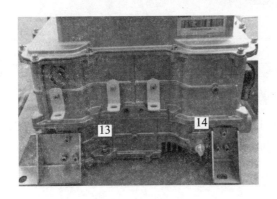

图 3-32　PDU 外部接线端子(三)

PDU 外部连接端名称定义　　　　　　　　　　　表 3-1

序　号	名　称	序　号	名　称
1	动力蓄电池高压输入正极	8	冷却入水管
2	动力蓄电池高压输入负极	9	冷却出水管
3	高压输出到电机控制器正极	10	连接快充高压负极
4	高压输出到电机控制器负极	11	连接快充高压正极
5	低压控制	12	连接压缩机高压插件
6	PTC 高压输出	13	接蓄电池负极(搭铁线)
7	充电机高压输入	14	接蓄电池正极(电源线)

2. PDU 内部

打开 PDU 上盖,可以看到 PDU 的内部结构,如图 3-33、图 3-34 所示。

图 3-33　PDU 内部结构(一)

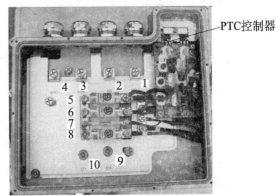

图 3-34　PDU 内部结构(二)

其中内部结构包括:动力蓄电池高压输入正负极、高压输出到电机控制器正负极、PTC 高压熔断器(32A)、压缩机高压熔断器(32A)、DC/DC 高压熔断器(16A)、充电机高压熔断器(32A)和接快充输入正负极。PDU 内部结构名称定义见表 3-2。

PDU 内部结构名称定义列表　　　　　　　　表 3-2

序　号	名　　称	序　号	名　　称
1	动力蓄电池高压输入正极	6	压缩机高压熔断器(32A)
2	动力蓄电池高压输入负极	7	DC/DC 高压熔断器(16A)
3	高压输出到电机控制器正极	8	充电机高压熔断器(32A)
4	高压输出到电机控制器负极	9	接快充输入正极
5	PTC 高压熔断器(32A)	10	接快充输入负极

(三)广汽丰田雷凌双擎

1.主要部件

混合动力汽车雷凌双擎的主要组成部件有发动机、HV 电池单元、辅助电池、空调压缩机总成、变频器总成、混合驱动桥总成、ECM、电源控制和动力电缆等,如图 3-35 所示。其中,HV 电池单元、辅助电池、变频器总成、混合驱动桥、电源控制和动力电缆等部件,均属于高压零部件。

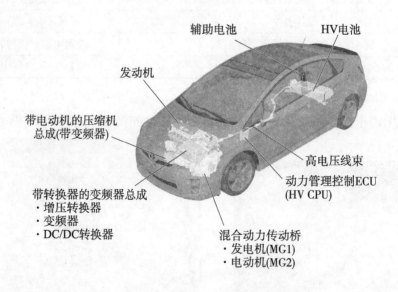

图 3-35　雷凌双擎混合动力汽车主要组成部件

2.HV 电池单元

混合动力汽车雷凌双擎的 HV 电池单元位于行李舱内后排座位下,如图 3-36 所示。HV 电池单元主要由电池组、电池智能单元、电池温度传感器、电池鼓风机、接线盒总成和维修塞连接器等部件组成,如图 3-37 所示。HV 电池为高压部件,在维修作业中需额外注意,未经过专业电池厂家培训的人员,不能随意拆卸电池单元。

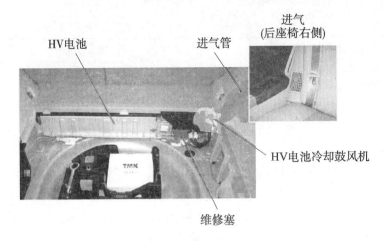

图 3-36 HV 电池单元位置

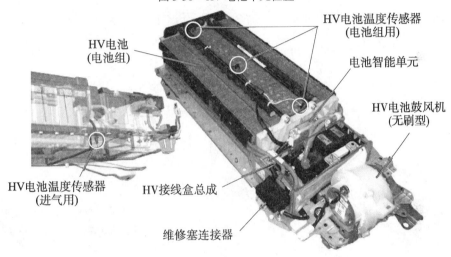

图 3-37 HV 电池单元主要组成部件

HV 电池单元组成部件的规格参数见表 3-3。电池组由 6 格 × 28 块镍氢电池模块串联组成,其功能是向汽车提供高压用电。为防止维修作业出现高压电安全事故,HV 电池单元里设置了维修塞开关,维修塞开关一断开,就能切断电池组回路,保证安全作业。

HV 电池单元组成部件规格参数　　　　表 3-3

组件名称		参　　数
电池组	类型	密封型镍氢电池
	电池数量	168cells(6 格 × 28 块)
	电压	201.6V(1.2V × 168cells)
维修塞	主熔断器	125A
	互锁开关	有

续上表

组件名称		参数
HV电池冷却鼓风机	电机类型	无刷型电机
	风扇类型	Sirocco风扇
HV电池温度传感器		进气1个,电池组3个
HV接线盒总成		SMRS(SMRB/SMRP/SMRG),HV电池电流传感器,电抗器

在重复的充放电过程中,HV电池会产生热量,为了保证HV电池良好的工作性能,专门为HV电池提供了一套冷却系统,而电池鼓风机就起到冷却电池单元的作用,HV电池冷却系统主要包括鼓风机、电池温度传感器和进排气通道等,当电池温度升高到额定温度的上限值时,电池温度传感器就会将信号发送给ECM单元,向电池冷却鼓风机发出指令工作,进而对电池起到及时冷却降温的作用,如图3-38所示。

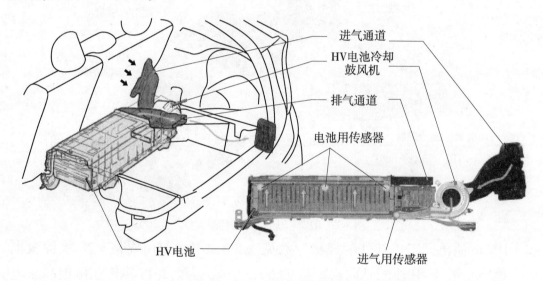

图3-38 HV电池冷却系统

HV接线盒总成由电池智能单元、电池电流传感器、3个系统主继电器和电抗器等组成,其实物和控制电路如图3-39所示。3个系统主继电器(SMR)根据电源管理控制ECU(HV CPU)的信号,接通或断开高压电路,注意不要从接线盒总成中拆卸这些系统主继电器(SMR)。

3. 辅助电池

当汽车使用过程中出现电源ON时组合仪表不亮、无法进入READY-ON状态或大灯暗淡并且喇叭响声小等情况时,说明HV电池没电,此时可以借助辅助电池(可充电型)暂代电池单元的作用,为汽车提供正常的高压供电。

单元三 新能源汽车高压部件及车上保护措施

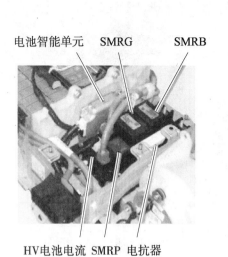
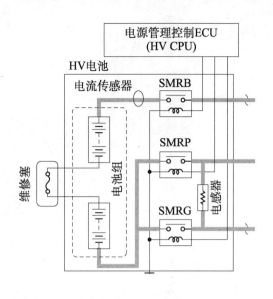

a)   b)

图 3-39   HV 接线盒总成

    辅助电池位于行李舱右侧,与 HV 电池单元靠近,如图 3-40 所示。辅助电池采用密封型电池,不能使用快速充电,若需充电,必须保证充电电流在 5A 以下,且充电时间在 12h 左右,方能保证辅助电池的正常使用,延长电池寿命。如果辅助电池需要更换,请更换 PRIUS 专用电池(S46B24R)。需要进行跨线连接辅助电池用以启动时,打开发动机舱盖,找到相应的正负极跨线连接端子位置,其跨接位置如图 3-41 所示。

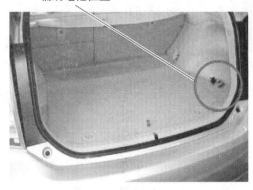

a)行李舱电池位置   b)电池温度传感器位置

图 3-40   辅助电池位置

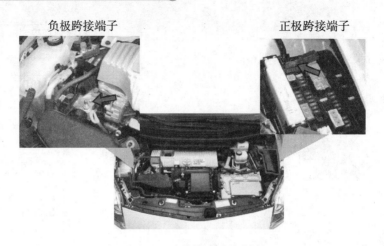

图 3-41 跨接启动连接位置

4. 变频器总成

变频器总成位于前发动机舱的左前位置,如图 3-42 所示,主要作用是将 HV 电池单元的高压直流电进行升降压、对直流电和交流电进行相互转换,连接着 HV 电池单元、MG1、MG2、空调压缩机和辅助电池等零部件,因此其本身也属于高压零部件。

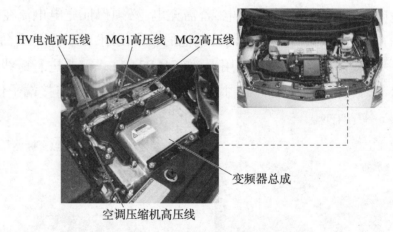

图 3-42 变频器总成位置

变频器总成内部为多层结构,结构紧凑,主要由电容、智能动力模块、电感器、MG ECU、直流/直流转换器组成,如图 3-43 所示。

变频器系统的工作原理:

(1)将 HV 电池单元输入的高压直流电(201.6V),通过升压转换器,将升压后的一部分直流电输送到空调压缩机电动机,带动空压机转动,另一部分直流高压电又经过变频器,使得高压直流电转换为高压交流电,供给到 MG1、MG2,使得驱动桥正常工作,如图 3-44 所示。

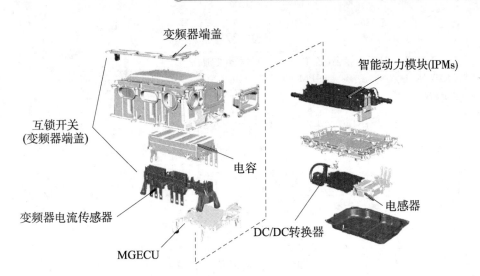

图 3-43 变频器主要部件

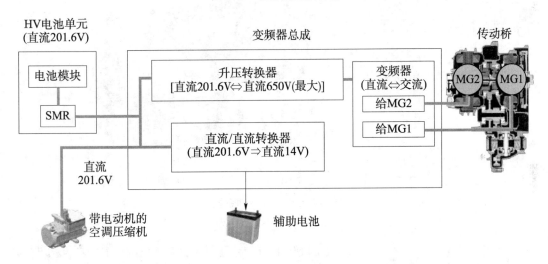

图 3-44 变频器系统工作原理

(2) 将 HV 电池单元输入的高压直流电(201.6V)经过 DC/DC 转换器后,转换为低压直流电(14V),向辅助电池充电。变频器总成(带升压转换器)内部电路如图 3-45 所示。

由于变频器总成在工作过程中零部件的流经电流很大,容易导致发热现象,因此变频器总成有专用散热器,独立于发动机散热器,散热系统由散热器、散热器储液罐和水泵等组成,如图 3-46 所示。水泵将储液罐里的冷却液抽出,使其流经变频器总成,冷却液吸收并带走变频器总成产生的热量后,流过散热器进行对冷却液的降温散热,最后经散热后的冷却液又回流到变频器总成和散热器储液罐中,使得冷却液连续不断地进行循环流动。

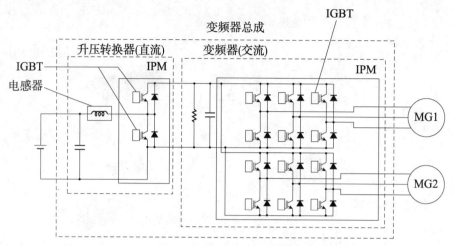

图3-45 升压转换器+变频器

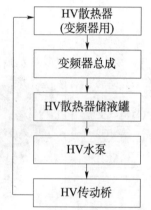

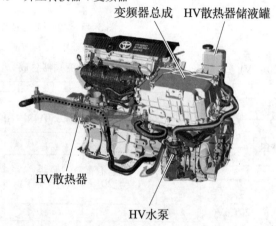

图3-46 变频器冷却系统

5. MG(电动机/发电机)

(1) MG1(1号电动机/发电机):由发动机驱动的MG1产生高压电,以驱动MG2或为HV蓄电池充电。而且,它还可作为起动机来起动发动机。MG1运转从而使动力分配行星齿轮机构的传动比与车辆驾驶条件最优匹配,如图3-47所示。

(2) MG2(2号电动机/发电机):由来自MG1或HV蓄电池的电力驱动,并产生前轮原动力。制动过程中,或未踩下加速踏板时,它将产生电力对HV蓄电池再充电(再生制动控制)。

6. 双擎系统工作过程

根据驾驶条件,双擎系统通过结合发动机、MG1

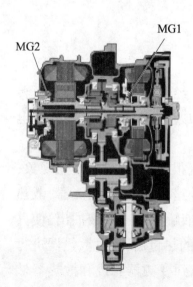

图3-47 MG1和MG2

和 MG2 产生动力。不同类型结合的典型示例说明如下。

(1) 起动(由 MG2 驱动)。

从 HV 蓄电池至 MG2 的电力供应提供驱动前轮的动力,如图 3-48 所示。

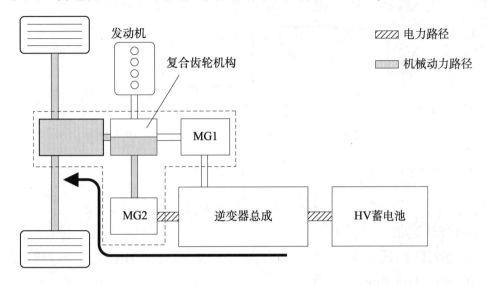

图 3-48　起动过程

(2) 在用发动机加速过程中。

发动机通过行星齿轮驱动前轮时,还通过行星齿轮驱动 MG1,以将 MG1 所产生的电力提供至 MG2,如图 3-49 所示。

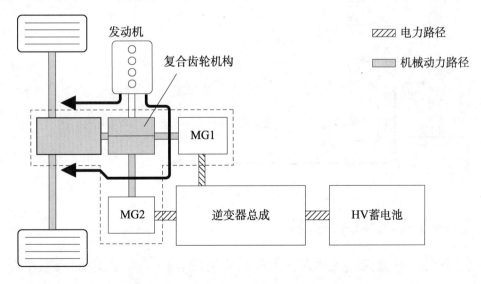

图 3-49　加速过程

(3) 为 HV 蓄电池充电。

发动机通过行星齿轮驱动 MG1 旋转,以向 HV 蓄电池充电,如图 3-50 所示。

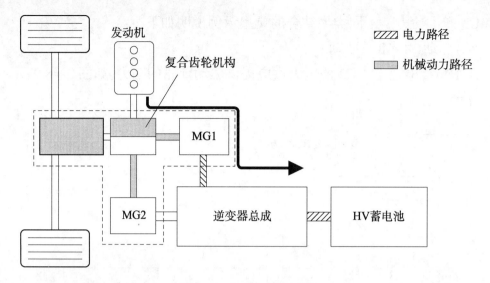

图 3-50 蓄电池充电过程

（4）在减速驱动过程中。

车辆减速时，通过 MG2 前轮的动能被回收且转换为电能，并向 HV 蓄电池再充电，如图 3-51 所示。

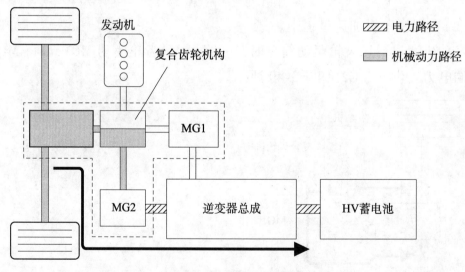

图 3-51 减速驱动过程

二、高压零部件保护措施

众所周知，电流流经人体对人的生命将构成威胁。因此，电动汽车在设计的时候需要采用适当的防护措施，防止电流对人体造成伤害，包括防止直接接触的保护和防止间接接触的保护。

根据所采用保护措施的不同，可分为基本保护和预防式保护。触电保护措施必须以这两种独立的保护措施的适当组合形式存在,即基本保护和预防式保护组合。被广泛应用的保护措施又有双重绝缘或者加强绝缘、通过自动切断电源的保护、停止供电保护和借助小电流保护等。

(一) 基本保护

1. 基本绝缘

基本绝缘是指导体的直接绝缘(有效绝缘)阻止了导流和绕区的故障。基本绝缘在有效绝缘的基础上,保护危险的人体触电,如图3-52所示。

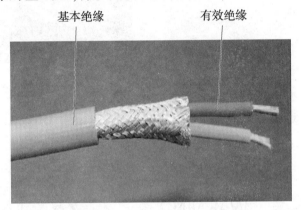

图3-52　基本绝缘

2. 接触保护

接触保护主要是指高压插头的接触保护,如图3-53所示。

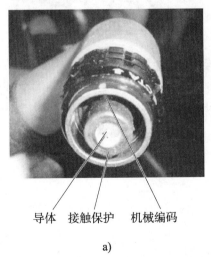
a)

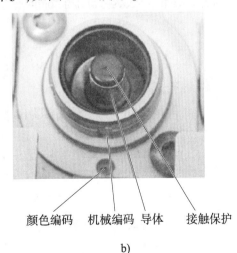
b)

图3-53　高压插头接触保护

3. 高压线束标记

对高压线束的防护及标记应满足以下要求:

（1）高压器件外部的高压线束必须含有屏蔽层，或外部罩有屏蔽罩等，以屏蔽电磁辐射。高压接插件在对接状态下须达到360°屏蔽。

（2）高压器件外部的高压线束外部应包裹波纹管，如图3-54所示。

（3）高压零部件外面的高压线束应以橙色作为标记，如图3-55所示。

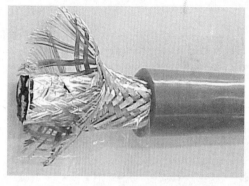

图3-54　高压线束外部包裹波纹管　　　　图3-55　高压线束以橙色作为标记

（4）高压器件均贴有安全标识，如图3-56所示。

图3-56　高压器件贴安全标识

4. 保护等级

高压部件的外壳防护等级，即IP保护方式代号简介（图3-57）。

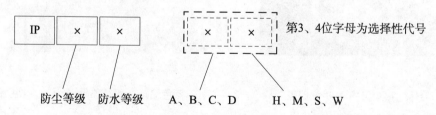

图3-57　防护等级代号

电动车上的某些高压接插件要求达到IP67，并且360°屏蔽。其中，IP6×表示防接触保护，防止粉尘内部堆积；IP×7表示浸入规定压力的水，经规定时间后进水量不致达到有害程度。

(二)预防式保护措施

针对功能失效、高压安全等方面所做的防范设计的预防式保护措施主要有：电源极性反接防护、主动泄放、被动泄放、高压互锁、开盖检测、碰撞保护等。

1. 高压互锁

高压互锁指的是电动车的主要高压接插件均带有互锁回路，当其中某个接插件被带电断开时，动力电池管理便会检测到高压互锁回路存在断路，为保护人员安全，将立即进行报警并断开主高压回路电气连接，同时激活主动泄放。

高压互锁的功能：高电压触点监控电路可在出现带电状态断开高压电路的情况时，通过低压电路控制高压主接触器断开，防止触电风险。

高压互锁的实现，如图3-58所示。安全回路线是个环形线路，通过12V电网元件来监控高电压电网；不能在未断开安全线的情况下就拔下高压插头（设计实现）；安全回路线要是断路的话，会导致高压系统立即被切断。

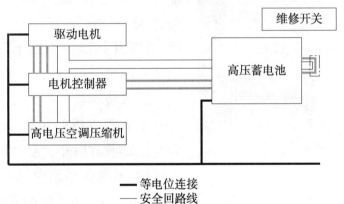

图 3-58　高压互锁线路图

只有在断开安全线的情况下才能拔下高压插头，如图3-59所示。

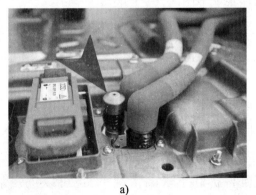
a)

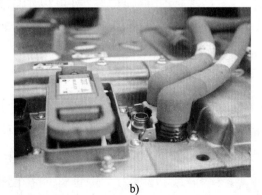
b)

图 3-59

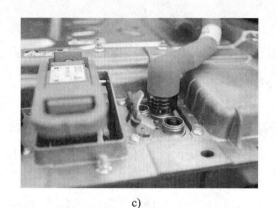
c)

d)

图 3-59 拔下高压插头

2. 开盖检测

开盖检测(图 3-60)指的是电动汽车的重要高压电控元件具有开盖检测功能,当发现这些元件的盖子在整车高压回路连通的情况下打开时,会立即进行报警,并断开高压主回路电气连接,同时激活主动泄放。

图 3-60 开盖检测

3. 主动泄放

主动泄放指的是驱动电机控制器中含有主动泄放回路,当检测到车辆发生较大碰撞,或高压回路中某处接插件存在拔开状态,或含有高压的高压电控元件存在开盖的情况时,控制器可在 5s 内将高压回路直流母线电压主动泄放到 60V 以下,迅速释放危险电能,最大限度保证人员安全。

主动泄放功能:通过放电可以消除高压器件内电容器上的残余电压。

主动泄放是由电池管理系统控制的,每次切断高压系统或者中断低压控制线时,都会进行主动放电,如图 3-61 所示。

4. 被动泄放

被动泄放指在含有主动泄放的同时,驱动电机控制器、空调驱动控制器等内部含有高压的电控产品同时设计有被动泄放回路,可在 2min 内将高压回路直流母线电压泄放到 60V 以下,被动泄放作为主动泄放失效的二重保护。

被动泄放功能:为了保证即使在已把部件拆卸下来的情况下,也可以把残余电压消除掉。

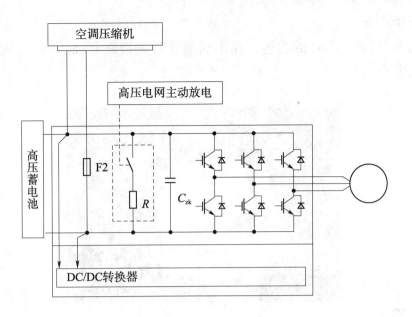

图 3-61 主动泄放的控制

5. 碰撞保护

碰撞保护指当车辆发生碰撞时,动力电池管理器检测到碰撞保护信号大于一定阀值时,会切断高压系统主回路的电气连接,同时通知驱动电机控制器激活主动泄放,从而可使发生碰撞时的短路危险、人员电击危险降到最低。

6. 功能互锁

功能互锁指当车辆在进行充电或插上充电枪时,车辆的高压电控系统会限制整车不能通过自身驱动系统驱动,以防止可能发生的线束拖拽或安全事故。

7. 漏电传感器

漏电传感器(图3-62)的功能是用于对电动汽车直流动力电源母线与其外壳、车身底盘之间的绝缘阻抗检测,通常检测与动力电池输出相连接的负极母线与车身底盘之间的绝缘电阻,来判断动力电池包的漏电程度。

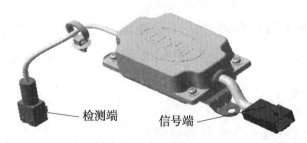

图 3-62 漏电传感器

如:绝缘阻值≤100kΩ 为一般漏电;绝缘阻值≤20kΩ 为严重漏电。

8. 维修开关

维修开关(图3-63)的功能是在车辆维修时直接断开高压回路,从而保证操作人员的安全。

图3-63　维修开关

单元小结

(1)EV160(2015款)电动汽车高压系统包括动力蓄电池、高压控制盒、DC/DC转换器、车载充电机及慢充口、驱动电机与电机控制器、空调压缩机、PTC加热器、快充口和高压附件线束等零部件。

(2)EV160(2016款)电动汽车与2015款不同之处在于,把车载充电机、DC/DC转换器、高压控制盒统一到PDU总成内,用一个PDU代替2015款的三个高压控制部件。

(3)雷凌双擎这款混合动力汽车的主要组成部件有发动机、HV电池单元、辅助电池、空调压缩机总成、变频器总成、混合驱动桥总成、ECM、电源控制和动力电缆等。

(4)新能源汽车高压零部件的保护措施包括:基本绝缘、接触保护、高压线束标记、保护等级;高压互锁、开盖检测、主动泄放、被动泄放等措施。

思考与练习

(1)活动环节:新能源汽车的高压部件。

根据资料,分别在VE160电动汽车和雷凌双擎混合动力汽车上找到这两种车型的高压部件,将其名称及作用填入表3-4中。拍下照片,并作汇报。

新能源汽车的高压部件 表3-4

车　　型	高压部件或线束
电动汽车EV160	
混合动力汽车雷凌双擎	

（2）根据雷凌双擎高压系统原理图（图3-64）描述驱动过程、馈能制动过程。

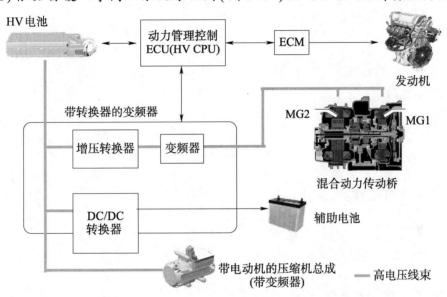

图3-64　系统原理图

①驱动过程：

②馈能制动过程：

（3）根据电动汽车EV160（2015款）高压系统原理图（图3-2），描述以下工作过程。

①驱动过程：

②馈能制动过程：

③快充过程：

④慢充过程：

⑤空调使用过程：

⑥暖风使用过程：

(4)新能源汽车针对功能失效、高压安全等方面所做的防范设计措施主要有哪些？

单元四　新能源汽车高压去电操作

 学习目标

1. 能在车间内停放待修的新能源汽车。
2. 能对新能源汽车维修工位进行规范布置。
3. 能对现有汽修工位进行升级改造，使之符合新能源汽车维修工位的安全标准，能兼容两种车辆的维修作业。
4. 新能源汽车高压去电操作。

 建议课时

30课时。

一、电动汽车维修站通用要求

(一) 服务功能范围

电动汽车维修站服务车型包括纯电动汽车和混合动力汽车。部分城市(例如深圳)，燃料电池电动汽车(图4-1)暂时不在其服务范围之内。

电动汽车维修站应具备对所述服务车型进行检测、维护和修理的功能。维修站应具备对服务车型整车、各个总成及主要部件进行检测、维护和修理的能力，全部功能的维修站应标明具体服务内容。

电动汽车维修站应具备监控功能。监控区域包括，但不限于检测和维修作业区、备件室和故障车辆停放场地。电动汽

图4-1　丰田未来氢燃料汽车

车维修站应具备动力电池充放电、标定有效容量和修正SOC等功能。

（二）面积要求

电动汽车维修站检测和维修作业区域的面积、结构及设备应满足检测维修作业设备的工位布置和正常作业要求。其布置应便于电动汽车的驶入、驶出和相关的维护和修理操作。租赁的厂房、停车场地应具有合法的书面合同。

（三）选址要求

电动汽车维修站选址应考虑到区域内电动车辆的分布，宜在区域内电动汽车集中运营或停放的地方建站。优先在电动汽车充电站附近建站，也可以对原传统汽车维修站进行升级和改造。

维修站的选址应以节约用地、合理使用土地为原则，综合考虑城乡规划、给排水设施、防排洪设施、进出站口周边道路等因素，通过技术经济比较和经济效益分析，选择最佳的站址方案。

维修站宜优先利用就近的供电、交通、消防、给排水及防洪等公用设施。

维修站宜靠近城市道路，不宜选在城市干道的交叉路口和交通繁忙路段附近。

（四）布置要求

维修站应包括检测和维修作业区、备件室、故障车辆停放场地，具备条件的维修站可以设立业务接待室、人员培训室、安全防护设备和劳动保护用品存储室、员工休息室和卫生间等辅助设施。

维修站（图4-2）综合建筑应按照厂房集中并适当合并的原则，并考虑维修站未来扩大规模的可能性按照国家建筑有关标准进行建设。

图4-2 北汽新能源维修站

综合建筑、行车道和故障车辆类型、安全停放要求或场地布局要结合地形及交通条件进行总平面布置。

维修站的道路应满足消防车及服务车通行的要求，行车道可采用单向或双向车道、单车道宽度、双车道宽度、站内道路转弯半径等根据服务车型不同而设置不同的距离，站内道路纵坡不宜大于6°。

例如，电动大巴车单车道宽度不应小于3.5m、双车道宽度不应小于6m、站内道路转弯半径不宜小于9m。

站内宜设置专门供维修车辆使用的试车道。

维修站应具备全天候工作的条件。应采取相应的措施避免动力电池系统因过水短路。维修站故障车辆停放场地不能堆积易燃易爆的物品不能采用易燃易爆的建筑材料。维修站的采暖通风应满足汽车维修作业的要求。

（五）环保要求

电动汽车维修站的建设应符合国家环境保护、水土保持和生态环境保护的有关法律法规的要求。维修站内雨水、生活排水、生产废水宜采用分流制。站区站内生活排水、生产废水经处理达标后,排至市政管网或用于站内绿化。

维修站因维修产生的废弃物应按国家环境保护法的要求进行处理。废弃物是指废弃的机油、齿轮油、制动液、冷却液、制冷剂、电解液等液体废弃物；以及报废零部件等固体废弃物。

（六）技术要求

1. 供配电系统

供配电系统设计应符合《供配电系统设计规范》（GB 50052—2009）、《低压配电设计规范》（GB 50054—2011）的相关规定。

应根据电动汽车维修站的规模、容量和重要性选择外电源电压等级和供电方式。维修站向公共电网所注入的谐波电流和引起公共链接点电压的总谐波畸变率应符合《电能质量 公用电网谐波》（GB/T 14549—1993）的规定。供配电系统容量要满足检测和维修设备、监控、照明、办公用电等用电需求,并留有一定裕度。

2. 检测维修仪器设备和工具

具备上述全部功能的电动汽车维修站应配备《汽车维修开业条件》（GB/T 16739—2014）中规定的相关设备,同时增加维修电动汽车动力电池系统、电机和电控的设备。

不具备上述全部功能的维修站应配备与检测、维修项目相适应的仪器设备仪器设备应符合国家相关规定。

维修站配备的检测维修仪器设备应通过产品型式认定,有产品检验合格标志和制造计量器具许可证标志。进口检测设备应参照此项执行。

维修站配备的检测维修仪器设备的计量检定规程、测量范围、分辨力、准确度或允许误差等要求应满足相应仪器设备国家、行业产品标准要求。使用检测维修仪器设备应按规定周期进行年检和定期校准经检定合格的设备应配备相应的操作规程操作人员严格按照操作规程进行操作。

电动汽车检测维修带电作业应使用绝缘工具(图4-3)。

(七) 场地和设施

1. 检测和维修作业区

维修站检测和维修作业区空间应满足服务车辆的需要。并适当留出车辆进出的空间。电动汽车维修站检测和维修作业区应统筹规划各部分设施间应留出

图4-3 绝缘工具

足够的安全距离。电动汽车维修站检测和维修作业区根据检测维修作业的不同要求划分相应的功能区。例如划分高低压操作区域,各功能区之间要有标线,各区域间设置隔离设施。

高压检测和维修作业区需铺设高压绝缘毯或高压绝缘胶垫(图4-4)。电动汽车维修站检测和维修作业应配备检测、维护和故障修理的相关设备,各种设备要做好标识并放置于相应的功能区。

为秦留出了专用维修工位,该工位设有绝缘橡胶,整套维修工具也都具备高强度绝缘保障。

图4-4 专用维修工位

电动汽车维修站检测和维修作业区应设立废油、废液、废电解液、报废零部件的集中收集点,报废电池应设立专门的储存场所。其存储区域需设置隔离和控制设施。检测和维修作业更换的废品、配件和个人生活垃圾要及时清理,防止影响维修作业。

2. 备件室

备件室的储存空间应满足日常运营更换备件的需求。备件室储存应实用化、最小化储备必需的备件。备件室储存的备件应分类存放,具备完整的标识,具有纸质或者电子索引,可以方便快捷地找到其位置。

备件室储存传统零部件和动力电池区域要分开,应设立专门的动力电池备件室。

电池备件室的墙面、顶棚、门窗、排风机的外露部分及其他金属零件应采取防护措施应避免阳光直射。窗应采取有效措施防阳光直射通风电动机、空调和照明灯应为防爆式。

3.电池存放区

电动汽车维修更换后的电池存放区分为可用电池区和报废电池区,应按照一定的原则分区、分类存储。电动汽车维修站备件室传统备件的储存存储参照国家标准《汽车零部件的储存和保管》(QC/T 238—1997)。动力蓄电池备件按照产品技术规范和要求进行存储。备件室备件的入库、领用要登记,实行电子化管理,对备件的数量、型号和性能进行记录。

(八) 人员要求

从事检测、维修等关键岗位人员数量应能满足维修站正常运营需要并取得行业主管部门颁发的从业资格证书,持证上岗。例如深圳市劳动技能鉴定中心颁发的《电动汽车维修专项技能资格证书》(图 4-5)。操作人与监护人两人都必须具备国家安监局颁发的《特种作业操作证(低压电工证)》(图 4-6);用人必须经过公司新车型培训,并通过考核。

图 4-5 电动汽车维修专项技能资格证书

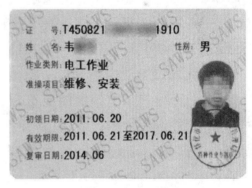

图 4-6 电工上岗证

(九) 安全防护要求

1.高压部件检测维修安全要求

高压检测维修作业(图 4-7)需配备安全防护用品,如绝缘手套(图 4-8)。需准备防高压电工手套以及防电池电解液酸碱性两种手套,绝缘胶鞋、绝缘胶垫和防护眼镜等。检测和维修 BMS 管理系统和控制器等对静电敏感的元器件时,必须配备防静电设备。

图4-7 检修高压部件

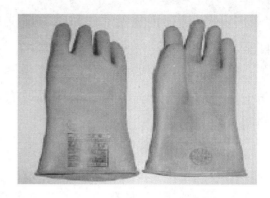

图4-8 绝缘手套

2. 防火与消防

电动汽车维修站消防设计,应防治和减少火灾危害保障运行人员、站内设备、车辆和电池的安全。电动汽车维修站应符合《建筑设计防火规范》(GB 50016—2014)、《建筑灭火器配制设计规范》(GB 50140—2005)、《电力设备典型消防规范》(DL/T 5027—2015)的要求。电动汽车维修站内应设置事故电池隔离设施,如干砂等。电动汽车维修站内应设置专门的故障车辆停放区域。

3. 防雷

电动汽车维修站建筑物和电气装置防雷要求应符合《建筑物防雷设计规范》(GB 50057—2010)和《交流电气装置的过电压保护和绝缘配合》(DL/T 620—1997)的相关规定。电动汽车维修站内电气设备接地应符合《交流电气装置的接地设计规范》(GB 50065—2011)相关规定。

4. 电气及照明

电动汽车维修站电气照明应符合《建筑照明设计》(GB 50034—2013)的相关规定。对检测和维修作业区、备件室等室内通道应装设事故应急照明。各空间、场地及疏散通道应设置疏散照明、疏散通道及出入口应设置疏散指示标志灯。

5. 电击防护

电动汽车维修站应配置电击防护的电气装置,应符合《低压电气装置第4-41部分:安全防护 电击防护》(GB 16895.21—2011)的相关规定。

6. 视频安防监控

电动汽车维修站应设置视频安防监控系统,并符合《视频安防监控体系工程设计规范》(GB 50395—2007)等相关标准的规定。视频安防监控系统应接入站内监控系统对全站场所进行监控。

7. 标志和标识要求

电动汽车维修站应设置功能区标识、设备标识、安全导向标志、安全警告标志、消防安全标志等。其要符合《安全标志及其使用导则》(GB 2894—2008)、《道路交通标志和标线第 3 部分:道路交通标线》(GB 5768.3—2009)、《消防安全标志设置要求》(GB 15630—1995)和《建筑设计防火规范》(GB 50016—2014)中的相关规定。

充放电设备和电动汽车电池及高压动力线束在维修操作时应设置操作警示牌(图 4-9)。

图 4-9　高压警示牌

二、维修工位与车辆停放标准

(一) 维修工位

新能源汽车维修工位,可以在对原传统汽车维修站进行升级和改造后,对原传统汽车维修工位进行升级改造实现。主要有:

(1)电动汽车高压部件的检测和维修作业区应铺设高压绝缘垫(图 4-10)。

(2)电动汽车维修区域应设置警示线,以及高压标志(图 4-11)。

图 4-10　绝缘垫

图 4-11　电动汽车维修区

(二)故障车辆停放场地

有故障、待修的新能源汽车在维修站停放时,需要注意:

(1)维修站故障车辆停放场地不能堆积易燃易爆的物品,不能采用易燃易爆的建筑材料。

(2)电动汽车维修站内应设置专门的故障车辆停放区域,此区域应和周围区域设置安全距离。安全距离根据电动汽车配备的电池容量可以在 5~10m 之间变动,并在车辆停放区域设置消防设施。

(3)故障车辆停放区域应设置警示线和警示标志。

(4)严重故障车辆除了有上述注意事项外,还应通过公司内邮件等形式,通知提醒所有人员注意安全,并强制放电后或者放置 72h 以上保障无爆炸和起火风险后再进行检测和修理。

三、作业过程安全要求

(一)人员防护

(1)带电检测和维修电动汽车高压部件应根据需要选择使用相应耐压等级的绝缘手套、绝缘胶鞋和绝缘胶垫,使用前应检查其是否有破损、破洞或裂纹等应完好无损,确保安全。

(2)维修人员不应佩戴戒指、手链和项链等金属饰品;身体内无心脏起搏器;维修人员衣服上不应带有金属饰品。

(3)带电检测和维修电动汽车高压部件时不允许单人作业。

(二)操作安全

(1)所有橙色的电缆(图4-12)都带有危及生命安全的高压电。

(2)不能直接对高压元件喷水(图4-13)或者采用高压清洗液冲洗!

图 4-12 橙色电缆

图 4-13 高压元件清洗

(3) 不能在高电压连接线上使用机油、油脂(图4-14)、接触喷雾等!

(4) 在高电压带电部件附近作业前,必须先将系统断电(图4-15)!

图4-14 油脂

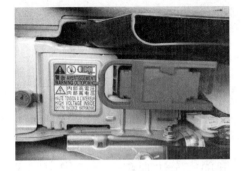

图4-15 作业前系统断电

(5) 焊接、使用材料切割工具或者锋利工具作业(图4-16)之前,必须先将系统断电!

(6) 所有断开的高电压连接线必须采用防尘和防潮措施(图4-17)!

图4-16 使用锋利工具前系统断电

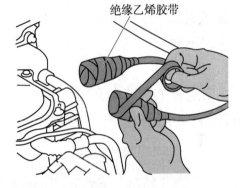

图4-17 采用防尘防潮措施

(7) 损坏的电缆必须替换!

(8) 携带或者体内植入维持生命和健康用电子医疗器械的人员(例如起搏器)不能操作高电压系统,包括点火系统!

(9) 所有测量工具必须适用于高电压系统,获得准许才可使用!

(10) 在受潮的高电压系统上作业时务必小心!

(11) 必须两人以上并由监护人监督作业!

四、新能源汽车高压去电操作

(一) 五项安全法则

在采取防电击和电弧保护措施之后,才能开展新能源汽车维修的电气作业,绝对不能在带高压电的电气系统和设备中工作。为了达到这个要求,在工作期间,这些系统和装置必须处于不上电状态。

在开始高压电工作之前,需要遵守以下五项安全法则:

(1)断电;

(2)防止意外上电;

(3)去电结果检查;

(4)接地与短路;

(5)与邻近带电部件隔离、绝缘。

五项安全法则在安全工作中是至关重要的。不论实际电压多少,这五条安全法则都是通用的。某些低限制可能适用于额定电压1000V的电气系统。前三个规则必须应用在高压系统的工作中,第(4)和第(5)的规则是也否应用必须是具体情况而定。

1. 在新能源汽车上实现五项安全法则

在新能源汽车高压系统上,五项安全法则通过如下方法实现(对于不同的制造商要求不同):

(1)断电。

主要通过关闭点火开关、关闭总电源、拔出熔断器、拔出联锁插件/导频/监控电路、从固定网格断开(例如充电插件)实现(图4-18)。

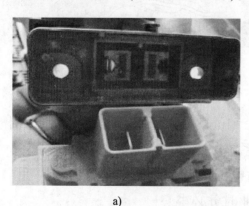

a) b)

图4-18 维修开关

(2)防止意外上电。

主要通过拿走点火开关并防止没有授权的人拿到、点火钥匙和拔出的安全开关(橙色)必须放置在安全的地点(如,带锁的柜中)、遵守公司内部的公司规定和制造商的信息等途径实现(图4-19)。

a) b)

图 4-19 防止意外上电

(3) 去电结果检测。

即使高压电压已断开,可能存在残余电荷(例如中间电路的电压)。因此必须进行前期工作!必须始终验证高压系统的非带电状态(图 4-20)。

2. 注意事项

(1) 操作人资格。根据德国意外防范管理条例 BGV/GUV-V A3,"电气设施与装备",不上电状态只能由有资质的电气工程师或者接受过电知识培训的人员确定。汽车制造厂提供的车辆必须遵守不上电状态的验证。

(2) 工具与设备。必须使用合适的电

图 4-20 去电结果检查

压测试仪或制造商指定的测试设备。测试仪器需要通过测试机构的在一定的条件下测试,合格方可使用。在高电压设备中使用普通万用表容易导致事故,因此不合适使用。

其他符合电压探测器规定《DIN VDE 0682-401 第 3 部分"电压探测器:双刀低压类型"》的手持设备,可以用于确认设备不上电状态。当使用标准商业电压仪表测试时,需确保合适的电压水平和量程,以及设备完好状态。

(3) 状态确认。在确认不上电状态前,必须确认测试设备的可靠性。确认不上电状态必须基于所有导电部分的导电情况良好。在未确认不上电状态之前,必须把系统看成是上电状态。

3. 完成工作

一旦完成工作,安全规则被取消了。所有工具、辅助材料和其他设备必须先从工作和危险区域移出。

以下是三个使用五项安全法则来对新能源汽车进行高压断电的例子。

（二）混合动力汽车雷凌双擎去电操作

1. 高压去电步骤

高压去电操作步骤见表4-1。

去 电 操 作 步 骤　　　　　　　　　　　　　　表 4-1

操 作 步 骤	对应的五项安全法则
1.检查高压系统或断开带转换器的逆变器总成低压连接器前,务必采取安全措施,如佩戴绝缘手套并拆下维修塞把手以防电击。使用绝缘手套前,务必通过执行以下程序以检查它们是否有破裂、磨损或其他形式的损坏 a)将手套侧放　　　b)向上卷开口2~3次 c)对折开口将其封死　　d)确保没有空气泄露 检查绝缘手套	—
2.关闭点火开关,佩戴绝缘手套,断开维修塞把手 a)　　　　　　　b) 断开维修塞把手	断电
3.拆下维修塞把手后放到您自己口袋中,防止其他技师在您进行高压系统作业时将其意外重新连接。带转换器的逆变器总成内的高压电容器放电至少需等待10min,因此拆下维修塞把手之后,在接触任何高压连接器或端子之前,请至少等待10min	防止意外上电

续上表

操作步骤	对应的五项安全法则
4.从带转换器的逆变器总成上拆下连接器盖总成 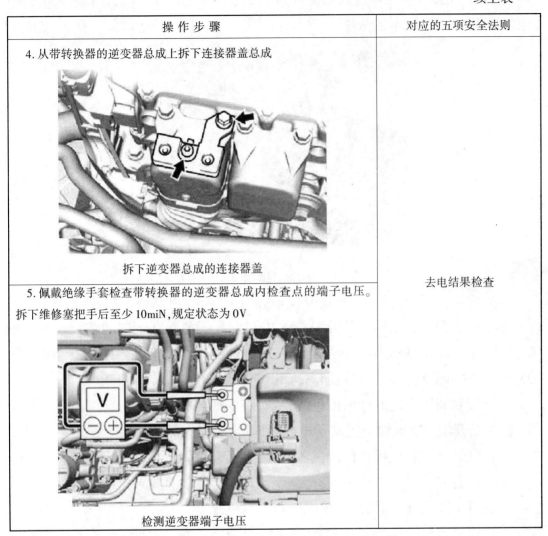 拆下逆变器总成的连接器盖	去电结果检查
5.佩戴绝缘手套检查带转换器的逆变器总成内检查点的端子电压。拆下维修塞把手后至少10miN,规定状态为0V 检测逆变器端子电压	

2. 操作注意事项

（1）拆下维修塞把手后,将电源开关置于ON(Ready)位置可能会导致故障,除非修理手册另有说明,否则不要将电源开关置于ON(Ready)位置（图4-21）。

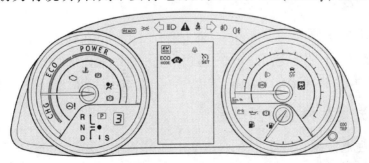

图4-21 仪表板上的READY灯

（2）不要触摸连接器盖总成的防水密封；不要让任何异物或水进入带转换器的逆变器总成（图4-22）中。

图4-22　逆变器总成

（3）检测高压电电压时，将检测仪设定为750V或更高挡，直流位。

（4）检查期间将电源开关置于ON（IG）挡时，不要在踩下制动踏板时按下电源开关。因为踩下制动踏板的情况下，按下电源开关，将会使系统进行READY-ON状态，这可能对检查区域施加高压电，非常危险。

（5）接触高压系统的任何橙色线束前，将电源开关置于OFF位置，佩戴绝缘手套，并断开辅助蓄电池负极端子电缆，并等待一段时间才开始工作。

（6）断开和重新连接任何连接器前，将电源开关置于OFF位置。

（7）执行高压线路工作时，使用缠绕乙烯绝缘带的工具或绝缘工具。

（8）拆下高压连接器后，用绝缘胶带将其绝缘。

（9）应将高压端子的螺栓与螺母紧固至规定扭矩，扭矩不足或者过大均可能导致其故障。

（10）使用"警告，高压请勿触碰"的标示牌告知其他维修人员"正在检查和/或维修高压系统"。

3. 高压上电步骤

装上带转换器的逆变器总成的连接器盖总成。佩戴绝缘手套，插入维修塞把手，将电源开关置于ON（Ready）位置，此时仪表应出现READY（图4-21）。

（三）电动汽车EV160（2016款）

1. 高压去电步骤

去电操作步骤见表4-2。

单元四　新能源汽车高压去电操作

去电操作步骤　　　　　　　　　　　　　　　　　表 4-2

操作步骤	对应的五项安全法则
1. 准备工作： (1) 设置监护人；设置安全隔离，并放置安全警示牌 (2) 检查并穿戴个人安全防护用品；检查并调校设备仪器；检查绝缘用工具 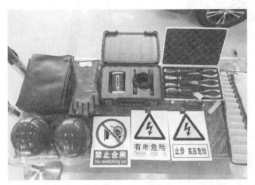 检查绝缘工具 (3) 使用绝缘检测仪,检测绝缘垫对地绝缘性能，至少 5 个检测点，分别位于前后左中右五个测量点  检查绝缘垫对地绝缘性能	—
2. 车辆准备。检查确认车辆停放及驻车制动安全可靠  确认车辆停放与驻车制动安全可靠	防止意外上电

续上表

操 作 步 骤	对应的五项安全法则
起动车辆,确认车辆处于 N 挡状态,检查仪表显示的故障。关闭起动开关,把钥匙装在口袋内 确认空挡状态	防止意外上电
3.断开电源 (1)断开 12V 电瓶负极,做好负极线的相关保护措施 蓄电池负极 (2)断开 PDU 控制电路 35 针插件,用绝缘防尘胶套进行封堵 35 针插件 PDU 控制电路 35 针插件	断电
4.设置警示标志 设置警示标志	防止意外上电

续上表

操 作 步 骤	对应的五项安全法则
5. 在 PDU 端进行放电、验电测试,规定状态为 0V 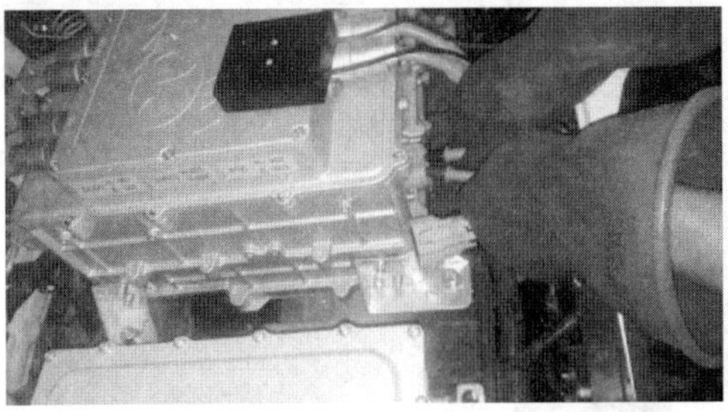 高压端放电	去电结果检查

2. 高压上电步骤

移除警示标志,取出绝缘防尘胶套,装复 PDU 控制电路 35 针插件,连接 12V 蓄电池负极,启动车辆,仪表出现 REDAY 灯。

(四) 电动汽车 EV160(2015 款)

1. 高压去电步骤

高压去电操作步骤见表 4-3。

去 电 操 作 步 骤　　　　　　　　　　　　表 4-3

操 作 步 骤	对应的五项安全法则
1. 准备工作 (1) 设置监护人;设置安全隔离,并放置安全警示牌	—
(2) 检查并穿戴个人安全防护用品;检查并调校设备仪器;检查绝缘用工具 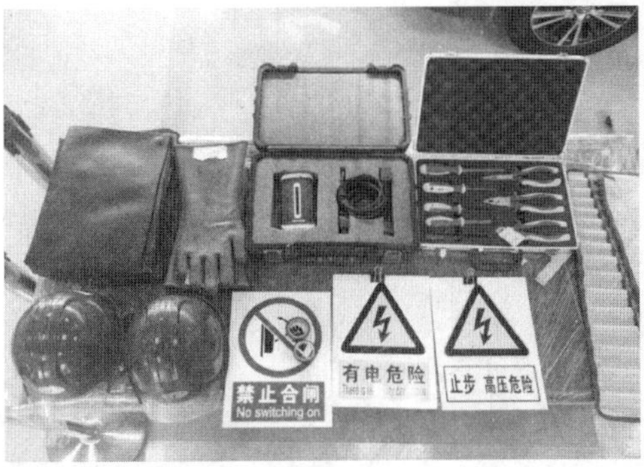 检查绝缘工具	—

续上表

操作步骤	对应的五项安全法则
（3）使用绝缘检测仪，检测绝缘垫对地绝缘性能，至少 5 个检测点，分别位于前后左右中五个测量点 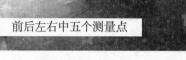 检查绝缘垫对地绝缘性能	一
2.车辆准备 （1）断点火开关，断开 12V 电瓶负极，做好负极线的相关保护措施，并等待 5min  蓄电池负极 （2）断开维修开关 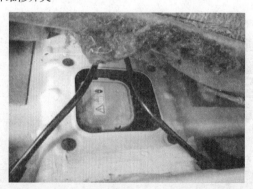 维修开关	断电

续上表

操作步骤	对应的五项安全法则
(3)在车内维修开关的位置上挂警示牌"禁止合闸,有人工作" 警示牌	防止意外上电
(4)锁好维修开关和车钥匙	
(5)举升前检查(监护人需检查)举升车辆	
(6)拆开车底的电池护板 拆下车底电池护板	
3.高压断电	
(1)先断开动力电池控制线 动力电池控制线	去电结果检查

续上表

操作步骤	对应的五项安全法则
(2)再断正负动力母线  动力电池母线	
(3)分别在动力母线上,给负载端和动力蓄电池端验电,确保动力蓄电池和负载都不带危险电压。(具体方法是,用万用表的一表笔分别放在电池与负载母线连接的两端,另一表笔车身搭铁。)  验电	去电结果检查
(4)使用放电工装,分别给动力蓄电池和负载端放电,之后重复验电	

2.高压上电步骤

连接正负动力母线,连接电池控制线,安装车底的电池护板,安装维修开关,连接断12V蓄电池负极,把钥匙开关打到ON挡,看是否有READY灯。

单元小结

(1)电动汽车维修站通用要求一般包括服务功能范围、面积要求、选址要求、布置要求、环保要求、技术要求、场地和设施、人员要求、安全防护等。

(2)新能源汽车维修工位,可以在对原传统汽车维修站进行升级和改造后,对原传统汽车维修工位进行升级改造实现。主要有:电动汽车高压部件的检测和维修作业区应铺设高压绝缘垫、设置警示线,以及高压标记等。

(3)电动汽车维修站内应设置专门的故障车辆停放区域,此区域应和周围区域设置安全距离,并设置消防设施、警示线和警示标志。不能堆积易燃易爆的物品,不能采用易燃易爆的建筑材料。

(4)《五项安全法则》是指:在开始高压电工作之前,需要断电、防止意外上电、去电结果检查、接地与短路、与邻近带电部件隔离、绝缘。

(5)混合动力汽车雷凌双擎的高压去电流程。

(6)电动汽车 EV160(2016 款)的高压去电流程。

(7)电动汽车 EV160(2015 款)的高压去电流程。

思考与练习

(1)活动环节:结合雷凌双擎、E160EV 的使用手册与高压系统,给首次购买新能源汽车的客户提供有关高压系统的安全建议。要求:简明、易懂、清晰。

(2)五项安全法则指的是:

(3)请根据维修手册的要求,对混合动力汽车雷凌双擎、电动汽车 E160EV 进行高压去电、上电操作。

单元五　新能源汽车事故现场紧急处理

 学习目标

1. 能正确处理12V电池亏电的事故，正确给高压电池包充电。
2. 能在实车上找出，事故救援时应减少或禁止切割的车体区域。
3. 能正确进行车辆浸水紧急处理，对着火的新能源汽车进行紧急处理。
4. 能正确对电池包组漏液的事故进行紧急处理。
5. 能正确对新能源汽车进行拖车处理。

 建议课时

10课时。

一、低压蓄电池亏电

低压电池是汽车里面重要的组成部分，也是整个电子控制系统的主要电源之一。当电池亏电的时候，对新能源汽车会带来许多不利于正常使用的问题。

（一）新能源汽车的低压蓄电池

无论是强混还是插电/增程式混合动力新能源汽车，整个系统架构上都是用DC/DC转换器来取代传统发动机汽车上的发电机，用高压电机直接驱动车辆。传统发动机汽车上蓄电池就只变成了一个辅助能量单元，而不需要提供瞬时的高功率了。在较早的混合动力电动汽车普锐斯HEV上面，12V蓄电池就已经转换为AGM的铅酸电池，如图5-1所示。

DC/DC转换器由于本身是电力电子控制部件，对电流和电压均可进行较精确地控制，所以可以实现对蓄电池的能量管理，在这样的条件下，某些整车企业已经用12V锂电池代替了铅酸电池。

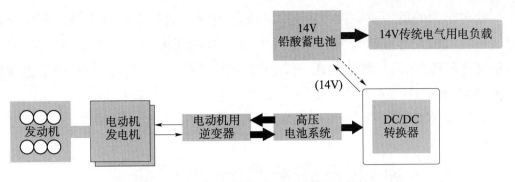

图 5-1　新能源车 12V 系统概览

12V 电源的常态工作电压是 13.5V，所以一般也可称作 14V。

（二）12V 电池亏电对新能源车辆的影响

12V 电池亏电对新能源汽车的主要影响有以下三点：

（1）由于电子控制模块较多，假定传统的模块设定为 1～5mA，电池亏电会导致总体的静态电流较大。

（2）由于 CAN 网络的睡眠唤醒机制较为复杂，特别是充电（快充和慢充）的时候，导致 12V 的蓄电池在传统停置的时候，需要给电较多。

（3）模块的控制逻辑，特别是因为接入车联网的监控需求，使得车辆电子系统的逻辑跳转变得相对脆弱，可能在某些状态下没办法完全让车"休眠"。

（三）12V 蓄电池亏电处理

当发生 12V 蓄电池亏电的时候，用额外的电池需要给车辆供一段时间的电，将车辆的高压系统启动起来，让 DC/DC 转换器对电池进行一段时间的补电。具体接线如图 5-2 所示。

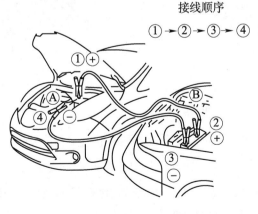

图 5-2　额外蓄电池跨接
①、②、③、④-接线编号

针对车辆的低压蓄电池亏电时,应该采用图示的顺序进行救援。确保车辆电气系统及相关部件的安全。将额外蓄电池B的正极与亏电蓄电池正极连接,负极与负极跨接,跨接顺序为①→②→③→④,待车辆起动后,断开两个电池的跨接线,断开顺序为④→③→②→①。

对于雷凌双擎来说,因为其12V蓄电池安装在行李舱内(图5-3),不便于直接跨接。

图5-3　雷凌双擎混动汽车蓄电池位置

因此,如果12V低压蓄电池电量耗尽,则可使用以下步骤起动混合动力系统。

(1)打开发动机舱盖和熔断器盒盖。熔断器盒位置如图5-4所示。

(2)打开专用跨接起动端子盖。起动端子盖位置如图5-5所示。

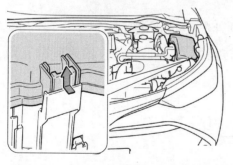

图5-4　熔断器盒位置

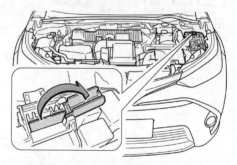

图5-5　专用跨接起动端子盖位置

(3)按照下列步骤连接跨接电缆:

①将跨接电缆正极卡夹连接至本车蓄电池的正极(+)端子。将正极电缆另一端的卡夹连接至另一车辆蓄电池的正极(+)端子。

②将负极电缆卡夹连接至另一车辆蓄电池的负极(-)端子。

③如图5-6所示,避开专用跨接起动端子和任何移动零件,将负极电缆另一端的卡夹连接至实心、固定、未涂漆的金属部位。

单元五 新能源汽车事故现场紧急处理

④起动另一车辆的发动机。稍微提高发动机转速并保持该转速约 5min,以便对本车的 12V 蓄电池充电。

⑤在电源开关关闭的情况下打开并关闭本车的任一车门。

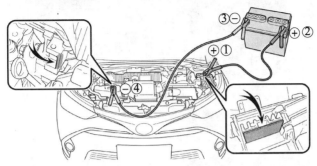

图 5-6 额外蓄电池跨接
①、②、③、④-按线编号

⑥保持另一车辆的发动机转速并通过将本车电源开关切换至 ON 模式来起动本车的混合动力系统。确保"READY"指示灯点亮。

(4) 混合动力系统一旦起动,请按与连接时完全相反的顺序拆下跨接电缆。闭合专用跨接起动端子盖,并将熔断器盒盖重新装回原位。安装时,先将熔断器盒盖挂到两个后凸舌上。

二、高压电池包充电

(一) 充电操作

在进行高压电池包充电操作时,应确保起停按钮处于关闭,当车辆处于运行和起停按钮打开时,车辆无法完成充电,如图 5-7 所示;且不能同时使用两种充电方法进行充电,如图 5-8 所示。

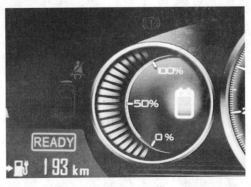

图 5-7 禁止在运行状态充电

a)禁止同时使用

b)EV160的快充口

c)EV160的慢充口

图 5-8　禁止同时使用两种充电模式

(二) 充电注意事项

（1）充电时确保充电枪插头、快慢充口插头干燥且无杂质，如图 5-9 所示。推荐充电温度为 -20 ~ +55℃。

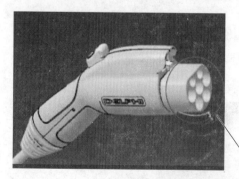

a)充电枪插头

b)充口插头

确保干燥！

图 5-9　确保插头干燥

（2）使用充电柜快速充电时，应避免乘员在车内停留，如图 5-10 所示，且不要打开行李舱，取放物品。

图5-10　快充时避免乘员在车内停留

（3）充电时容易对植入了心脏起搏器和心血管除颤器人群造成伤害，应注意避免此类人群接近。

（4）车辆在进行充电时，车辆将无法驾驶，严禁强行驾驶车辆（图5-11）。

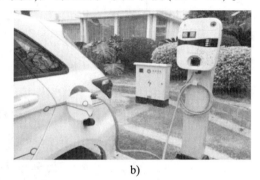

a)　　　　　　　　　　　　　　　　b)

图5-11　充电时严禁驾驶车辆

三、事故车禁止切割区域

当新能源汽车出现事故时，在事故救援过程中，为避免造成车辆深度损坏和安全隐患，应特别注意禁止以下部位的切割：高电压部件、安全气囊及控制单元、气体发生器、结构加强筋、12V蓄电池等，如图5-12所示。

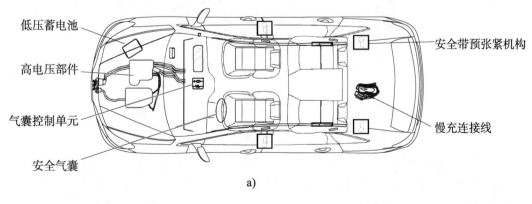

a)

图　5-12

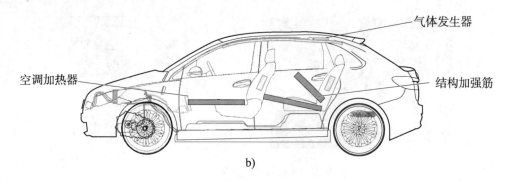

b)

图 5-12　禁止切割部位示意图

四、车辆浸水处理

电动汽车浸水分为两种情况,一种是在路上行驶过程中涉水,如图 5-13 所示;另一种则是在停车状态下浸水(停车场被淹等),如图 5-14 所示。

图 5-13　车辆涉水

图 5-14　汽车浸水现场

如果电动汽车在行驶过程中涉水出现进水熄火情况,这时首先需要立即关闭点火开关,以免车上的各种电器因进水而发生短路;然后离开车辆,使用拖车把车辆脱离涉水区,再把车辆移至安全地点;移车时尽量使车辆前高后低,这样可使进入电动汽车中的水流出;最后佩戴PPE防护用品,执行高电压禁用。

注意:如果车辆在水里,千万不要触碰任何高压部件。

除了在浸水之时的紧急处理,电动汽车在浸水之后应注意以下事项:

(1)必须穿戴绝缘手套、绝缘鞋和绝缘服后,才可接触浸水车辆。

(2)如车辆有维修开关,将车辆的钥匙打到OFF挡,断开维修开关。

(3)浸泡在水中的车辆,需在水中静置一定时间后才可打捞救援。

(4)车辆从水中拉出后,用拖车拖走,请专业人士或电池生产厂家进行拆解。

浸水时不论车是否行驶,都不会出现漏电现象,但浸水可能造成电池损坏。建议涉水使用时,尽量不要驾车通过深水区(水深≥100mm)。在雨季里,车辆的停放也要多加小心,不要将电动车停放在低洼或易浸水的地方,有些电动汽车的控制器在车身下,靠近地面,在电动车经过水坑等地段时,往往会浸没在水中,此种情况同样会造成控制器内线路短路。在雨天行驶后,要立即将沾水部位擦干,以免造成铁件腐蚀和电路漏电、短路等故障。

五、车辆着火处理

(一)起火原因

造成高压电池包升温着火的原因主要是短路和过充。

短路问题又是由工艺因素、材料因素和应用过程等方面引起的。隔膜表面导电粉尘、正负极错位、极片毛刺和电解液分布不均等,均属于工艺因素引起的短路问题。电池材料中夹带金属材质则属于材料因素引起的短路问题。在电池应用过程中,负极表面析锂、低温充电、不合理的充电方法、负极性能衰减过快、振动、跌落和碰撞等,均会导致电池包短路,引发着火。

过充是指大电流充电、正极性能衰减过快、极片涂层和电解液分布不均等因素导致电池局部过热的现象。

工艺及材料因素引起的短路容易避免,但应用过程中的短路和局部过充无法限制。

(二)着火处理

遇到新能源汽车着火时,需保持冷静,可按照以下方法进行操作处理。

(1)将车辆断电至OFF挡,并在条件允许情况下断开前舱12V蓄电池;

(2)断开维修开关;

(3)就近寻找灭火器(请勿使用水基型灭火器);

(4)如果车辆起火,火势较小较慢,请使用干粉灭火器灭火,并立即拨打求救电话;

(5)如果火势较大,发展较快,请立即远离着火车辆等待救援。

六、电池包漏液处理

1. 电池包漏液处理方法

如果动力蓄电池包(图5-15)发生泄漏(有明显液体流出),请按照以下方法对车辆进行操作:

图5-15 动力蓄电池包

(1)请将车辆钥匙打到OFF挡,并在条件允许的情况下断开前舱12V蓄电池;

(2)断开维修开关;

(3)少量电解液用抹布擦拭干净;

(4)将小苏打($NaHCO_3$)洒于所漏电解液上;

(5)用pH试纸检测,要呈蓝色;

(6)用干砂、土壤、锯木屑、废棉纱等材料吸附电解液,所收回电解液应置于密闭塑料容器;

(7)将电解液交于专业机构焚烧处理。

2. 人体接触电解液后处理方法

如果电解液接触到人体,请按照以下方法进行操作:

(1)接触到眼睛。用清水冲洗眼睛至少15min,若仍有疼痛感,请立即就医。

(2)接触到皮肤。脱去受到污染的衣物,立即用干净的布将接触到的污染物擦拭干净,然后用肥皂和水彻底清洗,若仍有疼痛感,请立即就医。

注意:电解液暴露的地方含水分时,会有HF生成,会对人体产生较大伤害。

七、拖车处理

传统车的拖车是将系统挂空挡,离合器断开,车辆空拖的时候,其实变速器端是没有阻力的。而新能源汽车拖车的时候,由于一般的设计是采用单减速器直连,轮子的传动到电机之间没有离合器断开,拖车的过程中,电机就给拖拽起来了。新能源汽车的空挡只是通过控制电机驱动器不输出给电机驱动转矩,系统下电也只是将电池的输出禁止,而电机本身还和轮子永久连接的。

如果需要拖车时,按照以下正确方式操作,如图5-16所示。

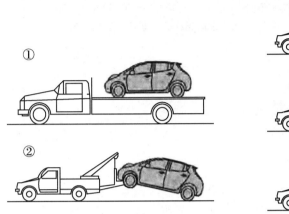
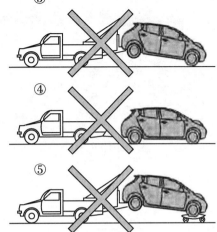

a)正确拖车方式　　　　　　　　b)不正确拖车方式

图5-16　拖车处理

(1)如果发生事故、涉水、火灾后首先由专业技师切断高电压。

(2)推荐使用图中①②方式进行拖车。

(3)避免使用图中③④⑤方式进行拖车。

注意:如没有非常特殊的情况,尽量不要使用拖车钩进行拖车。

单元小结

(1)新能源汽车12V蓄电池的亏电处理办法,与传统发动机汽车一致。雷凌双擎可以通过车头的熔断器盒上的"+"端子和车身搭铁,给位于行李舱的12V蓄电池供电。

(2)高压动力蓄电池的充电注意事项。

(3)新能源汽车事故车禁止或应减少切割的部位:高电压部件、安全气囊及控制单元、气体发生器、结构加强筋、12V蓄电池等。

(4)新能源汽车浸水处理时,必须注意防止触电。

(5)新能源汽车起火处理,应使用非水基型灭火器。

(6)电池包租漏液处理。

(7)新能源汽车拖车,不能拖动驱动轮,否则会损坏电机。

思考与练习

(1)活动环节:12V蓄电池的亏电处理。

①跨接搭电。根据图5-17所示进行跨接搭电。

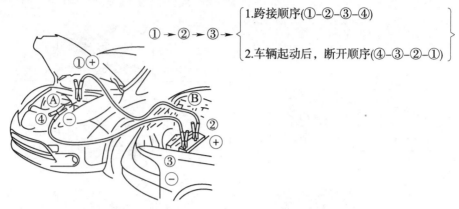

图5-17　跨接搭电

②使用充电机充电,充电步骤详见充电机说明书。

(2)活动教学:高压电池包充电。

高压充电时的安全检查。

①确保起停按钮处于关闭状态。当车辆的运行和起停按钮处于打开状态时,车辆无法完成充电。

②不能同时使用两种充电方法进行充电(图5-8)。

③充电时确保插头干燥,无杂质(图5-9)。

④推荐充电温度:-20~+55℃。

图5-18　用充电柜充电

⑤使用充电柜(图5-18)快速充电时:

a.人员不能留在车内。

b.避免打开行李舱,取放任何物品。

⑥充电时对以下人群容易造成伤害:

a.植入了心脏起搏器的人群。

b.植入了心血管除颤器的人群。

⑦车辆充电时,车辆不能驾驶。

(3)活动环节:事故车禁止切割区域。

分组在实车上找到图5-11所示的禁止切割部位区域。

(4)活动教学。

为新能源汽车实训室,分别制订车辆浸水紧急处理、着火的新能源汽车进行紧急处理、电池包组漏液的事故进行紧急处理的具体方案。

参 考 文 献

[1] 针对工作在带高压系统的车辆的人员的培训（BGI/GUV-I8686E）[Z]. 2016.
[2] 广汽丰田汽车有限公司. 雷凌双擎维修手册.
[3] 北京新能源汽车股份有限公司. 北汽EV160维修手册.
[4] 电动汽车维修站通用技术要求[Z]. 2016.